北大语文论丛

语文阅读策略

理论与实践

《北大语文论丛》编委会 编

第 1 辑

商务印书馆

《北大语文论丛》编委会

名誉主编：温儒敏
主　　编：汪　锋
副 主 编：金　锐　李二民　李国华

编委（按姓氏音序排列）：

蔡　可　程苏东　姜　涛　刘勇强
倪文尖　漆永祥　滕　威　王立军
王荣生　吴晓东　郑桂华　朱于国

编辑助理：何沛倬

目 录

发刊词……………………《北大语文论丛》编委会　编辑部　　1

阅读策略：理论基础、教学模式与有效策略…………谷屹欣　　3
阅读理解与阅读策略
　　——学习、消化的四个步骤…………………王荣生　54
"阅读策略"单元进教材始末………………受访人：陈先云
　　　　　　采访人：《北大语文论丛》编辑部李二民、汪锋　77
策略教学与课外整本书阅读相结合……………………谷屹欣　90
借助任务阅读，学得阅读策略
　　——六年级上册《竹节人》教学设计与点评
　　…………………教学设计：肖云霖　教学点评：余　琴　97
亲历过程　自我监控　习得策略
　　——六年级上册《宇宙生命之谜》教学设计与反思
　　………………………………………………倪　鸣　115
"联结＋批注"多阅读策略教学的一次尝试
　　——以六年级上册《有的人——纪念鲁迅有感》为例
　　…………………教学设计：姜丽凤　教学点评：王国均　129

联结阅读策略的实践与反思
　　——以《朝花夕拾》为例 ……………………… 刘冰亚　143
文学阅读的层次与小学语文教学
　　——以六年级上册第八单元为例 ……………… 李国华　156

编后记………………………………《北大语文论丛》编辑部　181

发刊词

北京大学语文教育研究所是2003年底成立的，迄今已近20年了。仰仗校内外学者和一线语文老师的支持，语文所做了许多工作，包括教材编写、教师培训以及语文教学现状调查等，成为语文教育研究的一个平台。现刊行《北大语文论丛》，希望为这个平台的学术交流提供更多方便，助力提升语文教育研究的层次与质量。

如今语文类的刊物已有很多，大都在讨论和展示语文教学的方法，意在解决语文老师教学中碰到的实际问题。这些刊物对于促进教学功不可没，但是侧重对语文课程与学科以及课改中出现的问题进行学术层面研究的刊物较少，整个语文教育研究的学理性有待提升。《北大语文论丛》就是想在语文教育一些基本问题的学术研究方面多下点功夫。

语文教育研究涉及语言学、文学、教育学等学科，《北大语文论丛》可以依托北大中文系和其他相关学科院系，充分利用北大校内外的学术资源，让语文教育研究在多学科的支撑中打下坚实的基础。

我们设想这个《论丛》能多发一些研究性的论文。这些论文选题最好是有问题意识的，既能面对语文课程、学科和教学中存在的基础性问题，又不停留于经验与方法的讨论，主要侧重于学理层面的探究和切磋。比如，当今语文教学领域提出许多新的概念和方法，总体指向课程改革，但也有一些提法让一线教学迷惘，还有待实践的检验和调整，如果能从学理层面厘清这些概念、方法的理路或者得失，对于整个课改和教学都会有帮助。又如，信息技术特别是人工智能的产生与发展，给语文这个基础性的学科提出许多新的课题，我们必须考虑如何去面对这个瞬息万变的时代。如果《论丛》能促进和发表一些这方面的研究文章，让语文教育跟上时代的步伐，那在维护和发展人类文明生态方面或许可以发挥更大的作用。

《北大语文论丛》目前没有刊号，只是论文集刊，更不是 C 刊，可以料想困难很多。然"嘤其鸣矣，求其友声"，让我们摒弃浮躁，静下心来，埋头苦干，为这个不起眼的集刊营造一种宽松而又认真的氛围，吸引一批以语文教育学术为志业的同道者，在这个园地上讨论、探究和交流学问。

《北大语文论丛》编委会　编辑部
2023 年 4 月

阅读策略：理论基础、教学模式与有效策略 *

谷屹欣

提要 阅读策略起源于认知主义学习理论。在认知主义学习理论视域下，阅读是一个主动、持续、交互的认知过程。相比阅读方法和阅读技能，阅读策略更强调设立明确的阅读目标，以及读者对阅读过程主动的、深思熟虑的控制与调节。自20世纪70年代至21世纪初，阅读策略教学模式呈现出从单一到多元的发展趋势。常用的阅读策略教学模式包括明示教学、互惠教学、自我解释阅读训练、交流式策略教学、概念导向的阅读教学等。在近半个世纪的发展历程中，国际学界针对不同阅读策略的分类、效果做了大量的实证研究。目前，学术界关于最有效的阅读策略已基本达成共识，这些策略主要包括激活已有知识、预测、推理、想象、联系、提问、总结、理解监控等。统编小学语文教材在三至六年级

---

* 本文受北京市社会科学基金项目"1920年代语文教育变革与五四新文学的互动研究"（项目编号：21WXC009）、北京市教育委员会社科计划项目"影响中学生数字化阅读素养的教学因素、阅读参与因素及其作用机制研究"（项目编号：SM202211417004）及北京联合大学校级项目"运用融合式阅读教学模式提升北京市小学生整本书阅读能力的路径、效果研究"（项目编号：SK30202104）资助。

纳入了大量基于实证研究的有效阅读策略，为小学语文教学提供了科学的指引。

关键词 阅读策略 认知学习理论 教学模式 实证研究

一、阅读策略的理论与实证基础：缘起、概念与意义

（一）阅读策略的缘起与理论基础

统编教材着重强调的阅读方法和阅读策略，可能对于大部分中小学老师来说，是一个相对陌生的概念。但是，"阅读策略"（Reading Strategy）在国外阅读教学领域，是一个常见词汇，且有着近半个世纪的发展历史。对阅读策略的关注与研究，大致可以追溯到20世纪70年代，认知主义理论兴起之时。在认知理论兴起之前，欧美的阅读教学模式主要受行为主义理论（behaviorism）的影响。行为主义理论是建立在巴甫洛夫条件反射基础之上的，它倾向于把学习的过程看作是建立一系列"刺激—反应"的联结过程，因此，在行为主义理论看来，外在环境和条件的刺激、反复的练习是促成学习行为的必要条件，而学习的结果必须是可观察的行为的变化。具体到阅读，行为主义理论将阅读分解为一系列的基础的、可观察的次级技能（sub-skills），如语音意识（phonological awareness）、解码技能（decoding skills）、词汇识别（word recognition）等，认为阅读能力的习得等同于一系列自下而上的次级技能的叠加（Tracey & Morrow 2012）。行为主义的阅读教学十分重视教师的直接讲解和反复训练，并假设当学生熟练掌握了一系列技能之后，就拥有了阅读能力（Stahl 1997）。也就是

说，只要学生从什么都不会，到通过训练依次学会了拼读、解码、词汇识别等行为，就学会了阅读。这种强调基础技能训练的阅读教学模式也叫基础阅读教学（basal reading instruction），它长期在西方阅读教学领域中占据着重要地位。

然而，随着时间的推移，一些学者发现，行为主义的阅读教学只能教给学生最为基本的字词层面的解码能力，无法帮助学生发展更高层次的理解能力，甚至会误导学生将阅读等同于语音解码、识别词汇等行为，而不是理解一篇文章、一本书（Rasinski & Deford 1988）。比如，有的学生可能会误以为，能够成功地把句子中每一个单词拼读出来，发出正确的语音，就是会阅读了，即便他根本没有理解句子的意思。一些老师也可能被"阅读技能"（Reading Skills）这一专业名词误导，不断将学术界发现的基础阅读技能引进课堂，但在实际的教学中，教师只是教给学生这些技能的名词，接着就让学生完成训练任务，反复练习，考试测评，并没有真正开展如何掌握这些技能的教学。例如，当时在课堂上普遍存在的一个现象是，教师经常要求学生"寻找文章主旨"或者"概括主要内容"，但仅仅是抛给学生这样的任务，然后由一些水平较高的学生来回答问题，对于那些不会找主旨或者总结的学生，则没有提供任何的指导和帮助（Dole, Nokes & Drits 2009）。到了70年代末，一些欧美学者甚至直言不讳地批评，在小学母语课堂中根本没有针对阅读理解的教学。这些问题促使人们开始怀疑行为主义的阅读理论的一些基本假设，比如，阅读理解的过程是否真的可以被拆解为一系列各自独立的技能？阅读理解的过程是否仅等同于某些外显行为的变化？为了理解一篇文章，在基础的字词解码能力之外，是不是还有什么更为复杂的心理过程被人们忽略？这一系列的疑问使人们将目光转向了认知主义学习理论。

20世纪60年代，认知心理学逐渐取代了行为主义心理学的垄断地位，在社会上产生了广泛的影响，在此背景下，认知主义学习理论也得到飞速的发展。与行为主义学习理论重视外显学习行为的观点不同，认知主义学习理论认为，学习者行为的变化，并不是单单由环境刺激引起的，而是个体的内部心理结构首先作用于环境，才能发生外在行为的变化。因此，认知主义心理学认为学习理论的研究对象，应该是处在环境刺激时个体的内部心理认知过程。例如，教育心理学中经常提到的皮亚杰的建构主义学习理论、加涅的信息加工学习理论等，都是认知主义学习理论。皮亚杰的建构主义学习理论简单说来，就是儿童的学习过程本质上是一个儿童在自身与外部环境互动过程中，建构知识、扩充或改变内部认知结构的过程。加涅的信息加工学习理论则认为学习过程是由若干个信息加工环节有序排列而成，每一个阶段的学习都产生于学生与外在环境(如教学事件)的互相作用。

认知主义学习理论认为，人类需要发展出高层次的认知策略来处理输入的信息，同时还需要元认知策略来监测和评估自我对于信息的理解程度。这些观点为人们对阅读理解过程的认识注入了新的活力。认知主义学习理论将阅读视为一系列连贯的、主动的认知过程，既包含低层次的语音解码、词汇识别、句子切分和理解等过程，也包含高层次的背景知识激活、识别主题、信息整合以及其他理解技能。在阅读理解过程中，这两个层次的认知过程是相互促进、相互补充的(Haberlandt & Graesser 1985)。识别词汇、理解句子能够激活读者头脑中的已有知识，而已有的知识被激活后，又会反过来促进读者对于新的词汇、句子和语篇的理解。

例如，在认知主义学习理论看来，如果学生要理解一篇有关海洋哺乳动物的文章，当他们读到"海洋哺乳动物包括鲸、海豚、海豹、海狮"这样的句子时，不仅需要识别这些名词，理解"包括"这一动词的含义，还需要同时努力搜寻头脑中所有关于鲸、海豚、海豹、海狮的背景知识，这些知识可能来自于以往读过的文本，也可能来自参观水族馆、观看纪录片的经验。当这些已有知识被激活，读者就可以更好地继续阅读并理解文章中提到的"胎生""哺乳""肺呼吸""流线型"等概念。学生需要使用一些认知策略，比如想象、自主提问、联系、总结，才能更好地把正在阅读的文本和已有的经验联系起来。研究者发现，高层次的阅读理解的过程，实际包含着大量的策略性思维过程，比如重读文本以寻找相关信息，在脑海中搜寻以往阅读过的相关文本以辅助理解，联系已有知识进行解释等。初学阅读的小学生并不会主动开启这样的策略性思维过程，他们需要通过教师详细的解说和指导，才能认识和理解这些策略，而且在此基础上还要通过反复的练习，才有可能掌握这些策略，并在一定的情景下，将这些阅读策略内化为阅读技能。

就在同一时期，教学研究领域一些实证研究成果也引起了学者的注意。20世纪60至80年代，欧美教育研究者十分关注教师教学效果对学生学习效果的影响。研究者做了大量基于观察、访谈、测评和实验的实证研究，以了解到底什么样的教学最有效。人们发现，高效的教学除了包括在课堂上频繁地带领学生回顾之前学过的知识、为学生提供反复练习的机会并提供有效指导，以及提出好问题之外，还包括教给学生高层次的认知策略（例如自主提问、总结）。教师根据学生掌握的背景知识的程度，给学生具体、详细的认知策略指导，能够帮助学生更好地理解课程内容和材料。例如，在教学生自主提问策略时，教师可以通过出声思维（think aloud）的方式来示范一边阅读一边提出问题的思考过程，并使用具体的语言提示来指导学生的思维过程，如在阅读过程中使用关键疑问词（谁、什么时候、是什么、为什么）启发学生提问。随着练习次数的增多，学生对认知策略的使用将会越来越自如，甚至达到自动化水平。这一发现使得许多阅读教育研究者和阅读教师意识到应该将认知策略引入阅读课堂，教授学生阅读认知策略。同时，一些针对熟练读者（proficient readers）和困难读者的对比研究也揭示，对有阅读困难的青少年读者来说，缺乏对阅读认知策略的了解和运用，是导致其阅读理解能力欠缺的重要原因（Deshler, Palincsar, Biancarosa & Nair 2007），可见对认知策略的学习在学生阅读能力发展过程中扮演着重要角色。

由此，认知策略教学（strategy-based instruction）自20世纪70年代开始，逐渐成为欧美阅读教学主流教学模式之一。它强调教师详细示范使用阅读认知策略进行阅读理解的思维过程，通过任务和练习引导学生使用策略，逐步放手，直至学生能够完全独立使用策略。伴随着元认知理论的发展，进入90年代，一些学者强调，能够指导学生根据不同场合、不同目的而选用适合的阅读策略来监控、调节阅读理解过程的元认知策略也同样重要（Lundberg 1991）。所谓元认知（meta-cognition），就是对自我认知过程的认知。在学习过程中，学习者需要通过元认知对自己的认知过程进行监控、评估和调节，不断调整学习策略，以达到良好的学习效果。例如，学生在阅读一篇文章时，成熟的读者会注意到自己哪里没读懂，并借助诸如重读一遍、查字典、查资料等方式把没有读懂的地方理解清楚，这个注意和调节的过程就是使用元认知策略的过程。总之，认知主义视角下的阅读教学理论认为，为了具备良好的阅读理解能力，学生既需要掌握有效的阅读认知策略（如提问、总结），也需要掌握关键的元认知策略（如理解监控）

(Hudson 1998)。它们融合在一起构成了今天欧美学界常用的"阅读策略"（Reading Strategy）一词的内涵。

（二）阅读策略概念辨析：阅读方法、阅读技能与阅读策略

有些老师可能会有这样一个感受，在我们日常的教学中，"阅读策略""阅读方法"和"阅读技能"这几个词似乎常常混用。这种感受其实不是个例，即使是在阅读策略的发源地美国，中小学老师也常常会把阅读策略（Reading Strategy）和阅读技能（Reading Skills）混淆，因此，一些学者对这几个概念进行了澄清。先来看"阅读方法"。结合"方法"一词的解释可知，阅读方法指的是为达到理解文本的目的，在阅读过程中所采取的手段、步骤或途径。我国学者黄志军、王晓诚（2020）认为，阅读方法可以泛指"阅读过程中用到的一切手段或者行为方法"，既包括朗读、默读等外显的阅读行为，也包括提取关键词、想象画面等内在心智过程。不过，由于"阅读方法"一词内涵过于宽泛，概念也比较模糊，在国内外学界很少有研究者将其作为专业术语使用。笔者认为，统编教材提到的阅读方法，也是一个较为宽泛的概念，指的是为达成阅读理解目的而采取的有效手段和途径，既包括像总结、提问、预测这样的阅读认知策略，也包括默读、速读这样的阅读技能，还包括像朗读、做批注这样的阅读行为。在开展阅读教学时，老师们如果暂时无法区分"阅读技能"和"阅读策略"，是可以使用"阅读方法"一词指代这些宽泛的手段和途径的。

再来看阅读技能和阅读策略。在上一部分我们提到过，阅读技能的理论基础是行为主义阅读理论。行为主义阅读理论将阅读过程分解为一系列自下而上的阅读技能，包括语音意识、词汇识别、解码技能、阅读流利度和阅读理解技能等（Tracey & Morrow

2012）。这些技能主要是英语阅读需要的基本技能，老师们可能觉得很陌生，在汉语阅读情境中，老师们比较熟悉的阅读技能是传统"八大件"，即字、词、句、篇、语、修、逻、文。行为主义阅读理论视域下的阅读技能教学，强调反复练习语音解码、字母命名、单词识别、文本理解等技能（Berninger, Abbott, Vermeulen & Fulton 2006）。教师需要向学生讲授技能，给学生布置任务，为学生提供反复训练的机会，并根据学生的表现进行强化，如给予学生奖励或惩罚（Mathes et al. 2005），通过反复的练习和积极反馈，学生的阅读技能将达到自动化的程度。也就是说，阅读技能有一个非常重要的特征，就是自动化。因此，有学者将阅读技能定义为"能快速、高效、流畅地进行解码和理解，不需要意识主动参与或控制的自动化行为"（Afflerbach, Pearson & Paris 2008）。而"阅读策略"呢？基于认知主义学习理论，有学者认为，阅读策略可以被定义为"一系列控制和修改解码文本、理解字词、建构文本意义等过程的具体的、深思熟虑的、有明确目标的心理过程或行为"（Afflerbach et al. 2008; Sun et al. 2021）。笔者认为，阅读策略是指读者为了理解文本或解决阅读理解问题，在阅读前、阅读中、阅读后，有意识、有目的地采取的一系列认知行动、心理过程或系统性步骤（Gu & Lau 2021）。

阅读策略的三个显著特征是：读者的深思熟虑的控制、明确的目标导向、有意识的控制或决策（Afflerbach et al. 2008）。举例来说，一个低年级学生在读一篇200字左右的小故事，读完之后，他没有立即翻到下一页读下面的故事，而是有意停下来，回顾、思索，自己问自己："刚才这篇文章主要讲了什么故事呢？""这个故事的主人公让我想到了身边的哪个人？"当他发现自己不能够概括出整个故事的内容，他又停下来，自己问自己："我哪里没有读懂呢?"这时他重新翻开书,找到他认为自己没有读懂的段落,放慢速度,一句一句重新阅读,并且在读完每一句话后都问自己:"我是否明白这句话的意思?"以上这一系列深思熟虑的,有意识、有目的的自主提问、总结、反思、重新阅读、监控理解的过程,就是阅读策略的使用过程。"阅读策略往往始于学生对于自己薄弱理解能力的模糊感知,并且表现为阅读速度的放慢和经过深入思考的自主提问,这些问题服务于学生监控自我理解过程和建构更高阅读理解水平的目标"(Afflerbach et al. 2008)。

而上文提到过,阅读技能的显著特征是快速和自动化,不需要读者有意识、深思熟虑地计划、安排、控制和决策,甚至不需要意识的参与,它完全出于读者自动化的习惯。因此,阅读技能和阅读策略的第一个区别是,阅读技能的运作更快、更自动(Afflerbach et al. 2008)。我们常见的阅读技能,比如解码技能(从字母或字形到语音、语义的联想)、识别词汇、流利阅读、默读等,都是学生在有一定语言积累和反复训练后形成的迅速、自动化的反应,并不需要学生有意识、有目的地放慢速度、自主提问,或者做出其他的安排与决策。但是,对于初学者来说,这些技能可能并非完全自动化的,还需要经历一个策略性的思考和练习过程。比如,当一个成年人在一篇文章中看到"太阳落山了"这样的句子,他会迅速理解这句话是什么意思,很多人头脑中还会浮现出日薄西山的画面。但对于一个刚刚开始学习阅读的一年级小学生,当他看到这句话时,就需要放慢速度,向自己提问:"太阳""落""山""了"分别是什么意思;他还需要结合上下文以及生活经验,思考这些字联结在一起又是什么意思。某些阅读技能实际上是阅读策略反复训练达到自动化的结果,例如,回到上一段我们举的阅读策略的例子,当那位学生长期地练习在阅读过程中自主提问、总结和监控自己的理解，那么到了一定阶段，他很可能会读完一个故事，立刻毫不费力地总结出故事内容、提出问题，或者立刻就发现自己不懂的地方并找到那段文字再重新阅读一遍等，这一过程中所投入的注意力和意识都比刚开始要少，基本可以达到自动化的程度，这就是阅读策略发展到了阅读技能的阶段。

阅读策略和阅读技能的第二个区别在于，阅读策略需要元认知（meta-cognition）的参与，而阅读技能则不需要。元认知负责统筹和管理阅读策略的使用过程（Veenman, Van Hout-Wolters & Afflerbach 2006）。在使用阅读策略时，读者首先需要调动元认知时刻关注和评估阅读理解过程，发现其中的问题，并采取恰当的方式解决。例如，当学生在文本中遇到许多复杂的词汇、语法以及完全陌生的概念与主题，或者完成难度较高的任务时（概括一篇科技类长文），他已经掌握的解码、词汇等基本技能可能会失效，这时他需要调用元认知来注意到他面临的具体阅读困难是什么，之后才是有目的、有计划地采用诸如放慢速度、重复阅读或者查字典等方式来解决这些问题。实际上，读者使用阅读策略的前提是有明确的阅读目标，并始终关注自己的内在阅读理解过程，发现问题，找到阻碍目标完成的部分，并且采用其他替代性的方法解决问题（Afflerbach et al. 2008）。发现问题、监控和调节理解过程的元认知策略是阅读认知策略必不可少的一部分。因此，从这个意义上说，阅读策略对阅读技能是一种补充，当读者遇到已掌握的阅读技能无法达成的目标时，使用恰当的阅读策略能够帮助他们克服阻碍、解决问题，达到理想中的阅读理解水平（Okkinga et al. 2018）。

（三）阅读策略的重要性与局限

学界普遍认为，阅读策略对提升学生的阅读理解能力起着重要的作用。首先，从理论上看，阅读策略在不同的认知理解模型中均扮演重要角色。认知主义阅读理论将阅读理解过程大致分为三个层次：字词解码、词汇—句子整合、句子—知识—文本的整合。字词解码为阅读理解的基础层次，包括音位意识、正字法知识、识别词汇等技能（其中音位意识主要适用于拼音文字，对应到汉语中则主要指音节意识和声韵意识，正字法知识在汉语中则主要指汉字字形规范书写的知识）；词汇—句子整合处于中间层次，读者需要利用词语的意义和句子的结构来构建句子的意义；句子—知识—文本整合处于最高层次，在这一层次，读者试图整合每个句子的意思，结合背景知识、经验、情境，建构心理模型，理解整个文本。所谓心理模型，指的是读者在记忆中建构的文本语言表征，简单来说就是文本语篇在读者脑海中再次呈现的形态及方式。欧美学界比较流行的心理模型包括建构—整合模型（construction-integration model）、情景模型（situational model）、景观模型（landscape model）、共振模型（resonance model）等。

建构—整合模型是 Kintsch 和 van Dijk 在 20 世纪 70 年代末提出来的早期模型，根据这一模型，阅读理解始于将文本拆分成一系列最基本的包含一个谓语及至少一个论点的语义单元，也称命题（proposition）；随后需要根据命题之间在意义上的内在联系，将命题安排在一个连贯有序的网络之中；最后则需基于命题网络建构起一个连贯的文本库（text base），即文本在记忆中的语言表征。这一过程都发生在文本内部，不需要读者单独调用外在于文本的知识储备。

情景模型对建构—整合模型中的"文本库"概念做了进一步优化,指出阅读理解不仅依赖于文本内部的文本库的建构,还依赖于读者已有的知识储备。其基本假设是,读者在理解了基础字词句的意思(建构了基本的命题网络)之后,需要结合文本信息、背景知识、逻辑推理等,整合时间、地点、因果关系、逻辑关系、主人公性格特征、动机与情感等信息,在脑海中逐步模拟、搭建出文本中所描述的具体情景,建构一个有关文本的连贯的心理模型(Kintsch 1998; Verhoeven & Perfetti 2008)。

景观模型和情景模型都认同阅读理解是建构关于文本的心理表征的过程,但它强调读者建立的连贯的心理模型,不是一种与文本结构一致的线性模型,而是一种网状模型(可以将其想象为一个气泡图)。读者是通过建构有关文本的主要观点及内部联系的概念网络(conception network)来理解文本,这一过程不是线性的(比如按顺序先建构时间、地点、环境,再建构人物、特点、因果关系、动机和情感等),而是循环往复的(可能先从人物开始,不同的人物形成不同的中心概念或命题,随着阅读过程的展开添加细节,接着又回到人物和命题)(van den Broek, Risden, Fletcher & Thurlow 1996)。

共振模型也叫基于记忆的文本处理理论(memory-based text processing view),它基于认知心理学家对人类记忆的实验研究成果,进一步解释了在阅读理解过程中,读者的背景知识是如何被激活的。记忆研究表明,人类的阅读理解依赖于工作记忆和长期记忆的互相配合。读者需要一边凭借工作记忆储存正在阅读的文本中的概念、命题,一边从长期记忆中提取有用的信息(背景知识)与前者进行整合,理解文本意义。在此基础上,共振模型假设,读者基于文本的语篇表征建构的概念（贮存在工作记忆中），和读者脑海中已有的关于世界的一般概念（贮存在长期记忆中），会随着概念之间的语义特征和语境特征的重叠程度而发生共振，这一共振过程是迅速而自动的，不受读者意识的控制。共振是读者提取贮存在长期记忆中的背景知识的必要条件，它有助于读者建构连贯的情景或景观模型（Jovet, Légal, Jhean-Larose & Denhière 2007）。

尽管以上模型的内涵不尽相同，它们都强调阅读策略在句子—知识—文本整合这一层面的重要作用。不同理论的研究者均认为，读者需要依据文本内部不同部分之间的因果、时间和逻辑关系，以及文本与读者已有背景知识之间的关系，使用背景知识激活、提问、总结、联系、预测、反复定位等多种阅读策略（Kintsch & van Dijk 1978; Trabasso, Secco & van den Broek 1984），才能建立较为全面的文本心理模型。

其次，自20世纪80年代起，许多学者也通过实证研究揭示了阅读策略的重要作用。大量的研究表明，阅读策略教学对学生的阅读能力有显著的积极影响（e.g., Alfassi 1998; deBettencourt 1987; Fillenworth 1995; Lau 2002; Rosenshine & Meister 1994; Short 1991）。阅读策略教学能帮助学生掌握多种有效的阅读认知策略，提高学生解决问题的能力。熟练使用阅读策略能够提升学生的阅读速度和阅读理解的准确性（Sun et al. 2021）。添加了动机元素的阅读策略教学能够显著提升学生的内在阅读动机和自我效能感（Guthrie et al. 1996, 2000, 2004, 2007）。阅读策略教学对有阅读障碍的学生也有一定帮助（Schmidt, Rozendal & Greenman 2002）。Slavin 等人（2008, 2009）的研究发现，阅读策略教学法对学生的阅读理解有显著的积极影响，小学高年级学生的效应量(Effect Size)均值为0.21,中学生的效应量均值为0.28。

然而,我们需要认识到,阅读策略教学也有一些局限性。

第一,一些研究者认为,掌握多种阅读策略需要投入大量的时间和精力。阅读策略教学如果处理不当,很容易增加学生的认知负荷,使学生感到无聊、不耐烦或者产生畏难情绪(Goldman 2012)。

第二,传统的阅读策略教学更重视学生对阅读策略的掌握,以及学生认知能力的发展,对学生的阅读兴趣、内在阅读动机、与文本的互动都重视不够,这就导致它无法充分地激发学生内在的阅读热情和自主性,从而限制了它对学生整体阅读素养的影响力。有学者发现,在阅读策略教学中,一些教师可能会忘记阅读策略教学的最终目的在于促进学生的阅读理解能力,而非仅仅学习阅读策略。他们往往过于重视学生对阅读策略的掌握,以至于忽视了对文本内容的深入理解和对文本意义的建构(Dole et al. 2009)。

第三,传统的阅读策略教学将阅读视为一种孤立的行为,它与社会文化语境相分离,似乎只要有读者和文本就可以完成阅读,忽视了其他能够促进学生阅读表现的重要的因素,如同伴效应、语言环境的影响、社会动机等。一些研究表明,缺乏同伴交流或小组合作等讨论活动的阅读策略教学对学生的阅读能力的影响很小(Slavin et al. 2008)。

正是因为有这些局限,自20世纪90年代起,文学鉴赏导向的阅读教学逐渐取代了单纯的阅读策略教学,一度成为欧美阅读教学的主流。直到21世纪,随着一些重视基础阅读技能的教育文件的颁布,阅读策略教学才重新受到重视。

二、阅读策略教学模式的发展历史与最新动向

（一）阅读策略教学发展历史回顾

随着阅读教学的理论和模式的不断发展，阅读认知策略教学的内容和形式也在不断经历着变化。早期的阅读认知策略教学侧重单一的认知策略，研究者和教师会在一段时间内安排学生学习一种策略并检测其效果。20世纪80年代至90年代，许多实证研究揭示了单一认知策略，如激活先验知识（activating prior knowledge）、总结（summarization）、预测（making predictions）、澄清（clarifying）、提问（questioning）、想象（visualizing）[1]、了解文本结构（understanding text structure）、寻找主旨（identifying main idea）等均对提升学生的阅读理解能力有显著的正面作用（Symons, Richards & Greene 1995）。这一时期，最为著名的单一阅读策略教学项目是Beck等人（1996）开发的"提问作者"（Questioning the Author）。提问作者项目主要鼓励学生在教师的指导下，在小组中提出"作者试图表达什么""作者这么写是什么意思"等问题，并讨论他们对于文本的理解（Barr 2001）。另一种典型的单一策略项目是"仔细询问"（Elaborative Interrogation）。"仔细询问"主要引导学习者自主提出"为什么"之类的问题，通

---

[1] 该阅读策略在英文学术界中的公认称呼是"visualizing"，指把文字内容在脑海中转化成图像，直译为"视觉化"，但似乎不太符合国内表达习惯，故译为"想象"策略，和课标中的用语更贴近。

过在文本与自己的生活经验或已有知识之间建立联系来推测文本含义（O'Reilly, Symons & Maclatchy-Gaudet 1998）。有研究表明这类问题能够有效提升学生对于文本中事实和细节的记忆力，但也有研究者质疑并不是所有类型的文本都适合这种提问策略，要提出有质量的问题，需要学生有良好的相关知识储备，这对阅读能力较弱的学生来说难以实现（Martin & Pressley 1991; O'Reilly et al. 1998）。

随着阅读策略教学实践的不断发展，研究者和教师逐渐认识到，在阅读策略教学中，应当教授学生灵活使用多元策略（multiple strategies），因为阅读理解是一个需要调动多方面认知程序的复合过程，任何单一的阅读策略的作用都是十分有限的。因此，到了90年代，多元策略教学逐渐取代单一策略教学成为主流的阅读教学方式，随之而来的是一些著名的综合性阅读干预项目，例如融合了预测、提问、澄清、总结策略及小组讨论模式的互惠教学（Reciprocal Teaching），融合了转述、总结、联系、预测、理解监测、提问等策略的自我解释阅读训练（Self-Explanation Reading Training）等。与此同时，随着元认知理论的发展，学习的心理过程和解决问题的思维过程愈发得到重视，传统的阅读认知策略教学也开始融入元认知元素，即在具体的教学中，不仅教学生应该采用何种策略，还教给学生在何种情境下、为什么运用这些策略，以及如何监控自己的阅读理解过程（Melanlioglu 2014）。

到了20世纪末，受建构主义理论、读者接受理论的影响，一些研究者发现，传统的阅读策略教学往往忽视学生在真实的阅读、交流情境中对意义的建构，导致很多学生只学会了一些关于阅读策略的术语，却无法真正在阅读文本时运用这些策略建构意义（Allen 2003）。因此，这些研究者开始探索以意义建构为目标的多元策略教学项目，其中较为著名的是Pressley等人（Pressley, El-Dinary, Wharton-McDonald & Brown 1998）设计的交流式策略教学（Transactional Strategy Instruction）。交流式策略教学以整体意义的建构为中心，强调阅读教学的目的是帮助学生在阅读真实文本的过程中自主建构意义。交流式策略教学中包含的认知策略多达十五种，学生通常在为期半年到一年的课堂小组共读与讨论中学习选择和运用合适的策略，直至能够自如使用多种策略（Brown, Pressley, Van Meter & Schuder 1996）。交流式策略教学在美国语文教师中十分受欢迎，大量的美国公立和私立小学参与到交流式策略教学的实验当中，其中最著名的项目是"帆船"项目（Students Achieving Independent Learning，简称SAIL）。它强调通过教师的明晰教学、示范、小组讨论和团体合作等方式教授学生多元策略（寻找主旨、预测、想象、总结、出声思维、问题解决等），注重意义建构，以及培养学生的元认知意识。实验结果表明它能够成功地应用于不同类型的学校，有效提升小学生的阅读表现，对有一定阅读困难的学生效果尤其显著（Pressley 1998）。

21世纪初，受学习心理学、动机理论、全语文理论，以及以文学为导向的阅读教学中的动机因素影响，研究者和教师逐渐认识到，阅读动机及情感因素在学生阅读认知能力发展过程中亦扮演重要角色。因此，一些学者开始探索如何在阅读策略教学中融入动机元素，以促使阅读认知策略教学更加全面和有效。其中最具代表性的是格思里（Guthrie）等人设计的概念导向的阅读教学（Concept-Oriented Reading Instruction）。概念导向的阅读教学尤其重视学生阅读兴趣和动机的发展。学生的阅读动机和兴趣则主要由有趣的跨学科主题（如生态学、太阳系、美洲殖民历史）、自主选择的权利、动手实验和活动、围绕主题大量有趣的阅读材料、小组合作式学习这五大经过实证研究检验对提升学生阅读动机有益的元素支撑（Guthrie et al. 2007）。

从单一策略教学到多元认知策略教学，再到以意义建构为目标的多元认知策略教学，以及融合元认知意识、动机元素的综合阅读项目，经过近五十年的发展，阅读策略教学在美国等发达国家已日趋成熟，并在小学阶段的语言与文学课程乃至科学课程中得到了较为广泛的应用。然而，由于中学及以上学科教学更加专业化，学生面临的学科阅读任务的深度和难度大为增加，这对中学及以上学段的阅读策略教学提出了较大的挑战。

（二）阅读策略教学的常见模式

阅读策略从20世纪70年代发展至今，已经有较为成熟的教学模式。常见的教学模式包括明示教学（Explicit Instruction）、互惠教学（Reciprocal Teaching）、自我解释阅读训练（Self-Explanation Reading Training）、交流式策略教学（Transactional Strategy Instruction）、概念导向的阅读教学（Concept-Oriented Reading Instruction）等。其中明示教学是早期最为流行、有效的教学模式，也是后面衍生出的种种教学模式的基础。

1. 明示教学

明示教学（Explicit Instruction）指的是老师向学生提供直接、详细的策略教学的一种模式。在明示教学中，老师首先要为学生详细地讲解什么是阅读策略，它们包含哪些种类和步骤，为什么重要等。其次，老师需要使用"出声思维"（think aloud）的方法，向同学们示范阅读时的具体思考和策略使用过程。所谓出声思维，是指老师需要用言语出声示范、描述、解释使用策略进行阅读的认知过程，把心理过程外显出来呈现给学生。例如，老师需要向学生示范自己是如何一边阅读一边总结的，如何一边阅读一边提问的，又是如何一边阅读一边想象的，引导学生在阅读时练习这样的思考过程。为了实现这样的教学，教师首先需要像拆"黑箱"一样将阅读理解过程拆解为一系列不同的措施和步骤，理解这些措施和步骤怎样一步步发生作用，再把它们贯穿起来形成连贯的阅读技能。

比如，教师意识到自己可以在读完一篇文章后迅速地概括总结出文章的主要内容，这时要做的不是立刻要求同学们概括总结，然后把答案给他们，而是回顾自己总结文本的过程，放慢镜头，将这个过程拆解为一系列关键的步骤，然后把这些步骤示范给学生。具体来说，教师作为成熟的阅读者，在总结一段文字时，往往可以迅速地识别这段文字中的主题句，然后围绕这个主题句总结文段内容。这时，就需要向学生详细地描述、解释、示范这个总结的思维过程，比如为什么认为这一句话是主题句，而不是其他句子；主题句与细节信息的区别是什么；在确定主题句之后，是怎样提取段落中其他细节信息的关键词的；为什么觉得某些信息重要应当保留，而某些信息应当删去；最后又是怎样通过扩句的方式将这些关键词添加到主题句中，最终合成一个简短而又全面的总结的。这就好比一位教练给运动员教新动作时，会将动作放慢，拆分成一系列步骤，先让运动员分步练习，给出建议，然后才让其连贯起来完成完整的动作。当然，这对于教师来说也殊非易事，教师也需要专业的培训和支持才能将阅读技能分解为程序性的步骤（Afflerbach et al. 2008）。

除了详细地解释和示范使用策略的思维过程，在明示教学中，老师还需要向学生解释在什么情境中需要使用这样的策略，以及为什么需要使用这个策略。老师也需要为一些阅读能力较弱的学生提供单独、具体的指导，比如在阅读过程中，如何结合上下文理解关键词句；如何把看到的字词转化为自己脑海中的声音，并由声音和字形联想到对应的意义。因为对于能力薄弱的学生来说，普通的阅读策略指导不足以解决他们个性化的问题，这些学生面临的问题往往是综合而复杂的，需要特殊的干预。

下面以四年级下册第六单元《小英雄雨来》为例，看看明示教学模式可以怎样应用在本单元的阅读策略教学之中。本单元的阅读要素是"学习把握长文章的主要内容"，也就是说，教师可以在本单元教授学生总结策略。《小英雄雨来》是一篇长文章，有着非常典型的"问题—反应/行动—解决/结局"故事模式，适合总结策略（故事模式法）的教学。在直接教学模式中，教师可以先向学生介绍故事模式是什么，可以怎样帮我们进行总结，接着便可以使用出声思维的方法向学生示范使用故事模式总结文章主要内容的思维过程：

  读完了第一节，老师停了下来，给自己提出了这样一个问题：这一节主要讲了什么内容呢？我想，我可以试着用刚才学到的总结策略（故事模式法），就是"问题—反应/行动—解决/结局"来概括。雨来在这一节遇到了什么问题呢？让我回想一下原文，我觉得最大的问题是……，对了，就在第三自然段，雨来很喜欢在河里游泳，但妈妈不让，有一天，雨来偷偷游泳又被妈妈发现了，妈妈要打他。为什么我认为这是本节中雨来面临的最大问题呢？因为问题的本质应该是冲突或者目标受挫，雨来和妈妈明显在这里产生了冲突。接下来，他遇到这个问题的反应/行动是什么？嗯……答案在第三、四自然段，他害怕挨打，撒腿往外跑，跑到河边，最后是怎么解决这个问题的呢？哈，答案在第四、五自然段，雨来扑通一声扎进水里,游到远处,向着妈妈得意地笑。现在,让我把问题—反应—结局串联起来,总结一下第一节的主要内容。第一节主要讲了妈妈平时不让雨来到河里游泳,有一天雨来偷偷去河里游泳,被妈妈发现,他跳进水里游得远远的,躲过了妈妈的追打。总结完这些内容,我又停下来向自己提出了一个问题:作者为什么要在第一节写这样一个故事呢?这个故事让我知道雨来很会游泳。可这和后文有什么关系呢?根据我以往阅读的经验,作者在开头写这么一个故事一定有用意,说不定是为了下文做铺垫,让我大胆预测一下,我猜,雨来水性好,也许会帮他解决下一个问题。为什么我会这样猜测呢?因为我以前读的小说,第一节往往都会为后文做铺垫,和后面的情节呼应。

2. 互惠教学

互惠教学(Reciprocal Teaching,简称 RT)也是一种十分流行的阅读策略教学模式。互惠教学是指学生在小组阅读中轮流扮演教师的教学活动,融合了预测、提问、澄清、总结等阅读策略教学及小组讨论模式。互惠教学主要包含两个部分。在第一部分,教师先一步一步地示范阅读策略使用的思维过程,接着学生在教师的指导下练习使用策略,教师及时提供反馈,最后教师不再指导,完全放手由学生独立使用阅读策略进行阅读。随后,学生组成小组,轮流扮演教师角色,模仿教师的出声思维过程,教其他小组成员使用四种阅读策略,并就文本内容互相讨论(Allen 2003; Lau 2002; Palincsar & Brown 1986)。可以说,互惠教学基本是在明示教学的基础上添加了角色扮演和小组讨论等社交互动元素,使得原本对学生来说可能略显枯燥的示范、讲授过程更为丰富多元。还是以《小英雄雨来》为例,其中的第一节可以由老师通过明示教学模式示范如何在阅读过程中使用预测、提问、澄清、总结等策略；第二节则交由学生自己练习，老师指导；第三节可以由学生在小组中扮演老师的角色，教其他小组成员学习策略，学生可以四人一组，每个人负责教一种策略，或者每人轮流扮演一次老师，教其他同学使用自己最为熟悉的策略。许多研究表明，互惠教学对学生的阅读理解有着积极的影响（e.g., Alfassi 1998; Lederer 2000; Palincsar & Brown 1986; Palincsar & David 1991）。

3. 自我解释阅读训练

自我解释阅读训练（Self-Explanation Reading Training，简称 SERT）是一种在教师指导下，学生一边运用阅读策略，一边向自己解释文本意义的教学模式（McNamara 2004）。它常用于概念复杂、文本内容间联系隐蔽不易识别的科学类文本的阅读。SERT 模式认为学生阅读理解取得成功的关键，在于针对文本内容产生尽可能多的高质量推理，因此该模式的核心是帮助学生产生高质量推理。自我解释阅读训练包含六种策略性思维过程：理解监控、解释策略、阐释策略、借用逻辑和常识进行推理、预测、桥接。理解监控用于随时留意观察自己的理解过程，留意自己哪里没有读懂，并通过后续的解释、推论等方法解决这些问题。解释策略是运用自己的话解释文本中的词句。阐释策略指的是使用提问、联系、类比等策略将现有内容与已有知识联系起来。比如，当学生读到"冠状动脉疾病发病的原因是冠状动脉的硬化和狭窄"这句话时，可以通过向自己提问"什么是冠状动脉"，并联系已有知识，理解冠状动脉是负责向心肌运输血液的通道。接着，读者还可以借用逻辑和常识来推理"当动脉硬化或窄化时，冠状动脉向心肌输送的血流会变少，输送的氧气也会减少，这可能是导致心脏病的原因"。预测是猜想文本接下来会论述什么，而桥接则是指将文本中不同的观点或想法连接起来,以及理解不同的句子之间的关系(McNamara 2004, 2017)。这六种策略都是理解科学类文本的常见思维过程。在具体教学中,教师首先使用明示教学法,向学生示范使用六种策略进行阅读和自我解释的理解过程,接着学生在老师的指导下进行练习。在使用这些策略的过程中,学生需要不断地向自己解释文本中的句子和概念的含义,以及文本不同内容之间的关系。自我解释阅读训练非常重视学生一边自主阅读,一边"自我解释""自言自语"的过程,认为这将帮助学生深入理解文本。

4. 交流式策略教学

20世纪末,受建构主义理论、读者接受理论的影响,一些研究者批评多元阅读策略教学人为切割了完整的阅读过程,过于注重策略的掌握,增加了学生的认知负担,忽视学生在真实阅读情境中对意义的建构,这导致部分学生只学会了某些关于策略的术语,却无法真正在阅读时运用这些策略(Allen 2003; DuCharme, Earl & Poplin 1989)。因此,研究者开始探索以意义建构为目标的多元策略教学项目,其中较为著名的是Pressley等人设计的交流式策略教学(Transactional Strategy Instruction,简称TSI)。TSI融合了阅读策略和元认知教学,强调真实的阅读情境(如读一本完整的书而不是经过删改的文章)和意义的建构(Pressley et al. 1998; Pruisner 2009)。与前几种模式类似,在TSI模式中,教师首先要通过明示教学法向学生示范使用策略的过程,并向学生解释、说明在什么样的情境下,为什么、怎样使用不同的阅读策略理解文本,建构文本意义。接着,学生独立练习使用阅读策略解读文本,教师提供指导和反馈。随后,教师要与学生围绕共同阅读的文本进行深入的讨论(师生讨论可以和学生小组讨论穿插进行)。在师生和小组讨论中,学生不仅需要交流他们通过这些策略获得的阅读感悟,还需要讨论他们认为哪些策略有效以及在什么样的情境下(比如阅读什么样的文本时)有效(Pressley et al. 1992; VanDeWeghe 2007)。

TSI 的目标是让所有学生能够在阅读不同的文本时独立地使用阅读策略建构意义。为了达到这一目标,TSI 的实施通常需要至少一个学年。值得注意的是,TSI 以整体意义的建构为中心,而非像传统阅读策略教学模式一样以掌握策略为中心。TSI 强调,阅读教学的目的是帮助学生在阅读真实文本的过程中自主建构意义,使用策略只是途径,而不是最终目的。换句话说,在 TSI 模式中,可以把策略理解为"锄头",文本理解为"金矿",学会用锄头不是最终目的,用锄头挖出文本里的金子才是目的。由于建构主义理论和读者反应理论均主张意义产生于交流和互动,TSI 特别强调在帮助学生与文本互动、生生互动、师生互动的交流过程中使用多元策略建构意义。TSI 教学模式中包含的阅读认知策略多达十余种,其中常用的是预测、想象、自主提问、总结、澄清、激活先验知识、联系、出声思维等,以及理解监控、目标规划等元认知策略(Pressley et al. 1992, 1998)。教师可以根据文本和学生的情况选择合适的策略自由组合。学生在学会了所有策略后也可以自由挑选组合。许多研究表明 TSI 对学生的阅读理解能力和词汇识别能力有显著帮助,对阅读能力较弱的学生也有积极的促进作用(Brown et al. 1996; Pressley et al. 1992, 1998)。

以《小英雄雨来》为例,教师可以在第一节使用明示教学法,向学生示范几种阅读策略的使用过程(例子见上文"明示教学"部分)。当学生练习过这些策略之后,老师就可以针对相关内容与学生深入交流:

老师特别喜欢第一段描写芦花村的句子，读这一段时我用了想象的策略，闭上眼睛，五官齐动，我仿佛看到了……听到了……闻到了……你读这一段话，想象到了怎样的画面呢？老师还特别喜欢第二自然段雨来游泳的场景，让我联想到了我小时候游泳……哦，在这里我用了一个联系策略，那么你用联系策略想到了什么呢？来分享一下吧……老师总结了第一节的结局后，发现雨来像小鸭子一样抖着头上的水……望着妈妈笑，这个描写也很有意思。我仿佛看到了这样一幅画面：一个黑黑瘦瘦的小男孩从水里探出小脑袋，使劲地抖着头上的水，水珠四散飞溅，在阳光下闪闪发光，他望着妈妈，得意又狡黠，微微张开嘴巴，露出一排洁白的牙齿。这时老师想到了一个问题：雨来为什么要望着妈妈笑呢？联系生活实际和上下文，你觉得雨来这时候心里在想什么呢？作者这样写，是为了体现雨来怎样的特点呢？请同学们以4人为一组，先一起来讨论一下老师想到的这个问题吧（讨论完之后，还可以请同学们在小组内分享他们阅读这一节时使用的策略以及想到的问题）。

5. 概念导向的阅读教学

概念导向的阅读教学（Concept-Oriented Reading Instruction，简称CORI）是由美国学者格思里等人开发的一种融合式阅读教学模式。它最初的目的主要是帮助三至五年级小学生理解科学类文本，提升他们参与科学阅读的兴趣和能力。CORI主要包含以下六个特征：（1）提供明确的阅读目标和丰富的跨学科知识（生态、太阳系、历史、地理等）；（2）类型丰富的适合儿童阅读的科学类书籍（适合不同层次的学生）；（3）与科学书籍相关的动手实验、亲自观察、小组合作阅读探究等联系生活实际的活动；（4）主题式阅读教学（天气、森林、动物行为、鸟类等）；(5)给予学生充足的自主选择阅读主题和子主题的机会（学生有权选择不同的子主题，如围绕天气选择龙卷风、云、人类活动对天气造成的影响等）；(6)大量、频繁的阅读（如12周内读完30—40本书）(Guthrie et al. 2004, 2007)。

  这一模式致力于确保每一个学生都从合适的书目中学到合适的阅读策略和科学知识。在概念导向的阅读教学中，教师首先鼓励学生选择自己喜欢的主题，进而选择围绕主题的有趣书籍、学习任务和媒介。接着学生根据选择的主题和书目分成不同小组，共同阅读，学习和讨论概念，进行探索概念的活动或实验，表达观点和撰写报告。在这一系列的活动中贯穿着多元认知策略的使用，其中最为常用的六大策略是激活背景知识、自主提问、信息检索、总结、图表组织、故事结构。每一个阅读策略教一周时间，六周之后再用六周时间系统地教学生如何灵活、综合地使用六种策略。在策略教学中，教师依然需要使用明示教学法，根据学生的需求示范、指导学生学习阅读认知策略(Guthrie et al. 2004)。概念导向的阅读教学融合了学科知识、认知策略、元认知策略、社交互动、表达交流、实践活动、科学类书籍、兴趣培养和跨学科主题概念等元素，尤其重视学生阅读兴趣和动机的发展(Guthrie et al. 1996, 2004, 2007)。尽管CORI主要针对科学类文本，但吸收了多种元素的融合式阅读教学模式却是21世纪阅读策略教学的主流趋势。从20世纪90年代开始，格思里和他的同事就在小学陆续开展了一系列CORI项目实验，发现CORI对学生的内在学习动机、阅读兴趣、好奇心、自我效能感和阅读理解能力都有积极的影响(Guthrie et al. 1996, 2000, 2004; Wigfield, Guthrie, Tonks & Perencevich 2004)。

三、实证研究支持的有效策略

（一）实证研究支持的阅读策略发展历程

自从20世纪70年代阅读策略教学模式问世以来，许多研究者通过较为严谨的随机实验研究、准实验研究，探索了对学生阅读表现有积极影响的阅读策略。早期的学者大多关注阐释策略对小学生阅读理解的影响，如提问、总结、激活已有知识、预测、推理等。20世纪80至90年代，一系列研究表明，阅读目标意识、激活已有知识、跳过无关细节聚焦于主要内容、评估文本内容的真实性、理解监控、想象、总结、自主提问、预测、推理等阅读策略均能够在不同程度上提升学生的阅读理解能力（Okkinga et al. 2018）。其中许多研究揭示了采用互惠教学模式（Reciprocal Teaching）的多元阅读策略教学的积极影响。罗森时（Rosenshine）和梅斯特（Meister）汇总了1984至1992年间发表的16篇有关互惠教学模式的研究，发现整体上互惠模式的阅读策略教学对学生的阅读理解能力有正面的促进作用（Rosenshine & Meister 1994）。同一时期，还有许多实验研究证实了融合认知策略（自主提问、总结等）和元认知干预的阅读教学项目对学生阅读理解能力的促进作用。

韦恩斯坦和梅耶尔（Weinstein & Mayer 1986）在20世纪80年代将阅读理解策略分为四类：情感策略（Affective Strategy），阐释策略（Elaboration Strategy），监控策略（Monitoring Strategy），以及组织策略（Organizing Strategy）。情感策略指的是读者用来

克服与阅读有关的负面情绪,产生积极情绪的策略,例如在阅读过程中遇到不懂的地方时,提醒自己不要焦虑,深呼吸,集中精力想一想有哪些解决办法;遇到困难时用正面、自我肯定的话语进行积极的自我心理暗示,乐于迎接挑战并及时自我奖励;主动与他人交流自己在语文学习上的感受等(Oxford 1990)。阐释策略指的是结合已有知识进一步解释、总结或描述文本概念,从而解决阅读中遇到的具体问题的策略。我们熟知的想象、复述、预测、提问、批注等都是阐释策略。监控策略指的是自主管理阅读过程、监控阅读理解质量的策略。比如,学生在阅读过程中主动关注自己有哪些不懂的字、词、句,并借助词典、上下文、插图、课外资料或重读一遍等方式帮助自己理解;或者在读完一段话、一篇文章后停下来,想一想自己是否读懂了这一部分,如果发现自己概括不出所读文段的主要内容,就回过头去再读一遍等。组织策略指的是为文本创建层次结构,从而概述整个文本的策略,例如通过画思维导图或制作各式图表对全文进行总结。学界普遍认为,对于低年级学生和阅读能力较弱的学生来说,监控策略和情感策略尤为重要。监控策略直接决定了学生能否在阅读过程中及时发现自己不懂的地方并采取补救措施,而情感策略则决定了学生在遇到阅读困难时能否自我调节态度和情绪,能否继续坚持。监控策略和情感策略的缺失,可能会降低学生面对复杂文本时发现问题、解决问题以及坚持阅读的意愿和能力(Sun et al. 2021)。

到了21世纪初,由于有关阅读策略教学的实证研究已经发展了三十余年,积累了相当丰富的研究成果,美国国家阅读小组(National Reading Panel)分析了20世纪大量有关阅读认知策略的实证研究成果,总结出七个对学生阅读理解能力正面效果最为显著的阅读认知策略,分别是理解监控(comprehension monitoring)、合作学习(cooperative learning)、图表组织法(graphic organizers)、回答问题(question answering)、自主提问(question generation)、故事结构法(story structure)和总结(summarization)。其中，支持自主提问策略有效性的实验证据最多，其次是总结策略。自主提问策略指的是学生在阅读过程中自主提出不同类型的问题，以提升阅读理解水平的策略性思维过程。它能够激发学生的阅读兴趣，促使学生积极地投入阅读和思考当中。总结策略指的是学生从一篇较长的文章或较长的信息中提取主要信息和关键要素，将长篇文字缩略为由关键信息组成的简短版本的思维过程。它能够帮助学生更好地整合和概括文本信息，抓住重点、判别主旨。图表组织法是使用图表形式重新组织文本信息或故事内容，故事结构法则是借助常见故事模式和结构提取故事的关键要素(人物、环境、情节等)。这两者都能够帮助学生更好地提取和记忆文本的关键内容，从而加深对文本的理解，只不过故事结构法更为简单，适用于低年级记叙文的阅读、写作教学，对于已经熟知故事结构的熟练读者的阅读能力提升效果不显著。在这七大策略中，理解监控策略较为特殊，上文已经提过它属于元认知策略，主要用于监控读者的阅读理解过程，及时发现问题并采取补救措施。它能够帮助学生监控自己的阅读理解过程及阅读策略的使用状况，及时调节和改进阅读理解过程。此外，将文本内容与背景知识和自我经验联系起来，充分调动多种感官对人物形象、情感以及人物周围环境进行想象，判断何为文本中最重要的内容，以及复述关键事件或观点等策略，也是在一线阅读教学中，特别是文学类文本的阅读教学中十分有效的阅读策略(Boerma, Mol & Jolles 2016; Gu & Lau 2021)。

最近二十年，虽然仍旧有一些研究表明策略教学对学生的阅读理解能力有显著的促进作用(e.g. Boardman, Boelé & Klingner 2018; Muijselaar et al. 2017)，但整体上，欧美学术界对阅读策略在阅读理解方面的影响的关注度呈现下降趋势。一些学者转而关注阅读策略教学在不同文化背景、语言体系、学生群体中的表现，及其对学生阅读动机、态度等非认知阅读表现的影响。一些研究表明，上文提及的阅读策略教学同样适用于中国的学生。在这些研究中，接受策略教学的学生在阅读理解水平、策略使用水平以及阅读兴趣、热情等方面的表现均显著好于接受传统讲授式阅读教学的学生(Lau & Chan 2003; Lau 2020)。还有学者发现，阅读策略教学对学生的阅读效能感，即学生对自己阅读能力的自信心，有较大提升。总体而言，到了21世纪，经过了三十余年的发展，国际学术界和教育界对阅读策略的正面影响已经达成共识。

（二）对阅读理解影响较为显著的阅读策略概述

目前国际学术界和教育界公认的有效阅读理解策略主要包括激活已有知识(activating prior knowledge)、预测(predicting)、推理(making inferences)、想象(visualizing)、联系(making connections)、自主提问(question generation)、总结(summarization)、理解监控(comprehension monitoring)。每一种策略都有大量的研究探讨其具体内容、方法、步骤、类型、案例及实证影响，不同的学者对同一策略内涵和类型也往往存在不同的看法。限于篇幅，这里仅简单介绍这些阅读策略是什么、大致包含哪些具体方法或步骤等，相当于提供一份策略地图，供老师们参考和检索。

激活已有知识指的是在阅读时帮助学生激活与文本相关的已有知识、经验，从而帮助学生更好地理解文本内容的一种策略。教师可以在阅读前引导学生使用表格、思维导图、K-W-L法、头脑风暴等方式，思考他们已经知道的与文本主题相关的知识或经验。其中由 Donna Ogle 在 1986 年开发的 K-W-L 模型最为常见，K-W-L 模型本质上是一种图表组织法，它是一个由三个竖栏组成的表格，三个竖栏填写的内容分别是 K、W、L。在 K 栏学生需要写下他们关于文本主题已经知道的信息（What I already know），在 W 栏学生需要写下他们关于文本主题想知道的信息（What I want to know），在 L 栏学生需要写下关于文本他们最终学到的内容（What I ultimately learned）。在阅读过程中，教师可以向学生示范如何一边阅读一边使用联系策略；阅读结束后，则可以和学生讨论，在阅读过程中，哪些已有知识对其有帮助。

预测则是一种帮助学生通过文本的作者、题目、插图、线索、上文内容等信息预测下文内容或情节走向的策略。在阅读前，老师通常会引导学生通过文本的作者、题目猜测文本的内容，或者联想以往读过的题目相同、作者相同的文章，来预测当前文本的主题或主要内容。在阅读过程中，老师可以引导学生根据已有知识、个人生活经验、文本线索、文本证据、故事插图等信息来预测接下来将要发生的情节，或者接下来主人公的心理活动及其将要采取的行动；抑或是当作者提出一个观点后，预测作者将会使用哪些证据、案例来支撑他的观点（Bailey 2020）。在阅读过程中，读者所做的预测不是一成不变的，而是需要根据阅读内容的发展不断自我评估、修改和调整，因此教师也要向学生示范如何根据阅读内容的进展，不断反思、评估和修正自己的预测。预测是一种可以让学生在整个阅读过程中保持活跃和投入的策略，又比较简单，便于上手操作，因此在国外小学阅读教学中备受推崇。

推理指的是在阅读过程中，读者运用已有的知识、经验和文本中的情节、线索、细节等信息，对文本中作者没有明确揭示的因果关系、人物行为动机，以及问题的解决办法等内容进行猜测的一种认知行为。推理对理解文本至关重要，它是学生具备高级思维的前提，不仅在语文阅读中，在科学、数学等领域也很重要。推理策略也有不同的方法和教学模型。面对低学段的学生，教师可以引导学生结合文本插图推测故事内容，或者玩一些寻宝推理小游戏来提升其推理能力；对中、高学段的学生，教师可以采用 Marzano（2010）提出的四问法，即教师可以问四个问题，帮助学生进行推理。这四个问题是"我的推测是什么？我的依据是什么（背景知识或是文本证据）？我的推测是否牢靠？我是否需要改变我的推测？"。教师还可以使用 Beers（2003）提出的"它说—我说—所以呢"三列表格，即让学生画一张有三个纵列的表格，分别记录下文本的内容、学生自己的经验和背景知识，以及基于二者的推理结论。一些提问策略也能够帮助学生进行推理，例如 Raphael 提出的问答关系策略（Question-Answer Relationship），教学生区分三种类型的问题："答案在文本中的，答案需要我在文本中寻找并认真思考的，以及答案在于我自身的"。在得出结论之前，先依据答案属性区分问题的类型，有助于学生找到合适的线索和证据，做出正确的推理（Raphael & Au 2005）。

想象是一种能够帮助学生将抽象的信息或概念具体化，更好地记忆故事基本要素，理解故事要素之间关系的阅读策略。想象还能够帮助学生走进文本，拉近学生和作品人物之间的距离，并帮助学生在脑海中建构情景模型或景观模型（Boerma et al. 2016; Gu 2019）。阅读能力较强的读者往往能够较好地运用想象策略在脑海中形成关于文本人物、情境、故事情节的具体印象，而阅读能力较弱的学生则较少在阅读过程中想象（Boerma et al. 2016）。在具体教学过程中，教师可以通过利用语言描述关于文本的画面，或者提问细节的方式,激发学生就文本中的词句、段落或整篇文章进行想象。比如文本中提到一栋房子,教师可以通过提问启发学生想象这栋房子具体是什么样的,在哪里,处在怎样的背景、环境中,形状、大小、颜色等是怎样的;教师还可以问学生在生活中是否见过类似的事物,通过引导学生想象他们在平时的生活中见过的类似事物,帮助学生想象文本中提到的内容。许多老师还会在教学中引导学生通过五官齐动的方式进行想象,让学生闭上眼睛,一边听教师朗读文段,一边用"我看到了……我听到了……我闻到了……我品尝到了……我触摸到了……我感受到了……"这样的句式来尽可能丰富、立体地进行想象(National Reading Panel 2000)。

联系是一种能够帮助学生在阅读理解过程中将文本内容与已有经验联系起来的阅读策略。联系策略能够帮助学生树立明确的阅读目标,在阅读过程中更加专注,以及更好地理解人物行为背后的情感、动机。Keene 和 Zimmerman(1997)提出了联系的三种类型:文本到自我(text-to-self)、文本到文本(text-to-text)和文本到世界(text-to-world)。文本到自我的联系指的是在阅读内容和自己的个人生活经历之间建立联系;文本到文本的联系则是在当前阅读的文本和以往阅读过的有相同主题、相同作者或者相同体裁的文本之间建立联系;而文本到世界的联系则指的是在文本和个人经验之外的真实世界之间建立联系,比如从文本出发联想自己周围的人和事、他人的口述历史和当下时代的特征等。联系策略的教学重点在于教师用出声思维的方法向学生示范如何一边阅读,一边建立三种类型的联系。教师可以使用一些关键句型来提示学生将阅读内容与自己的生活或者以前读过的文本联系起来,比如"这一段内容让我想起……因为……""如果这件事发生在我身上，我会……""我记得我身上也发生过类似的事情""这一段让我想起了我以前读过的一本书/一篇文章，因为……""我记得以前也读过类似的情节……"。建立文本到世界的联系是最难的，但是教师可以引导学生分析作者写作文本的时代、社会背景和学生当前所处的时代、社会背景的异同，并思考这种异同怎样塑造了文本的世界观和主题（Gu 2019）。教师还可以指导学生在文本旁边做批注，随时将他们建立的联系记录下来。

自主提问是一种帮助学生一边阅读，一边提出有质量的问题的阅读策略。它也是一种非常有效的自主学习策略。20世纪下半叶，随着研究者对于认知层级和问题类型的研究井喷式的发展，人们认识到不同的学生在阅读过程中提出的问题水平存在一定的认知差异。基于美国认知心理学家布鲁姆1956年提出的认知层次理论，Anderson和Krathwohl（2001）提出了六层次说，即学生提出的问题由低到高依次可以分成"记忆、理解、应用、分析、评价、创造"六个层次。学生提出的问题的类型和水平能够反映他们对文本的理解程度，不过，这种提问水平不是一成不变的，而是能够通过提问策略教学得到提升的。自主提问策略的其中一种教学法便是教师向学生介绍不同类型、层次的问题，帮助学生判断自己所提出的问题所处的层次，并向学生示范如何在阅读前、阅读中、阅读后针对文本提出不同类型的问题，同时鼓励学生尽可能提出多样化的问题。这一教学法的关键，在于引导学生明白高水平问题和基础水平问题的区别。教师可以使用关键疑问词或关键句型提示法，比如记忆类问题多以4个W开头，即"谁"（who）、"什么"（what）、"哪里"（where）、"什么时间"（when）；理解类问题通常是关于"为什么""怎么样"的问题；应用类问题则主要是关于"如果是我，我该怎么办"，或者"通过阅读……我学到了……

的道理"之类的将文本内容应用于实际生活的问题;分析类问题包含"作者采用了哪些表达手法""作者在塑造人物性格时使用了哪些技巧"等深入分析创作技巧的问题;评价类问题包含"我怎样看待……""我怎样评价……"这样的评价类字眼;创造类问题则通常需要使用"如果……那么……",假设文本中某个情节没有发生,主人公会经历什么,或者进行故事续编(Moreillon 2007)。

总结是一种将文本主要内容提炼、转化、浓缩为一些由文本的关键要点组成的简短信息的阅读策略。总结策略被众多学者视作最有效的阅读理解策略,它与学生的阅读理解水平高度相关,甚至可以用来测评学生的阅读理解能力。由于总结策略十分有效,学界有大量研究具体总结方法和步骤的文章,其中影响较为广泛的有早期 Brown 和 Day(1983)提出的五步总结法,具体来说包括五个步骤:收集重要信息、删除琐碎细节、删除重复信息、合并同类项(比如用上位概念替代具体的例子)、从文中选择或者用自己的话造一个主题句。教师可以用出声思维的方法向学生示范如何在阅读过程中使用五步总结法概括总结文本的内容。了解文本结构对于总结文本内容也十分重要,因此教师需要教学生分辨多种文本结构,特别是不同体裁文章(如记叙文、说明文和议论文)的结构特点,并根据结构特征抓住主要内容。小学阶段记叙文教学占比较高,在总结记叙文时,使用故事结构图或故事地图能够帮助学生较好地提取和记忆主要的人物、背景、事件、矛盾、主题和关键要素之间的关系。教师也可以通过向学生提问的方式,帮助学生提取文本中的关键要素来进行总结,比如可以问学生"文章的主人公是谁,他做了什么""主人公的主要特点或性格特征是什么,你怎么知道的""主人公遇到了什么样的矛盾,他是怎样解决的"等。

理解监控属于一种元认知策略,即读者对自己的阅读理解过程和策略使用情况的感知、评估、监控和调节行为。研究表明,能力较强的阅读者往往能较为自如地使用理解监控策略,即在阅读时能清楚地辨别他们哪里读懂了,哪里没有读懂,并且运用合适的策略来解决他们遇到的阅读理解问题。相反,能力较弱的学生则可能注意不到,或者无法明确自己阅读过程中没有读懂的地方或者难点在哪里。理解监控策略的教学重点,首先在于引导学生在阅读过程中主动关注他们的阅读理解过程,主动发现文本中的难点或他们没有读懂的地方。教师可以先用出声思维策略向学生示范理解监控的过程,比如在读完一个段落、一个小节或者一页之后停下来,尝试着概括和回顾读过的信息,看看是否能够用自己的话概括主要内容。如果不能概括,就说明很可能没有读懂,这时候要再回到文本中,进一步明确问题出在哪里:是不明白具体字词、概念的字面含义,还是不明白某些词语背后的比喻义,抑或是不理解某个句子的意思,或者是不明白人物、情节或概念之间的关系,等等。在发现问题后,要采用合适的阅读策略来解决这一理解问题,比如放慢速度再仔细读一遍,借助字词典查陌生字词,借助插图或表格理解,上网搜索相关资料,询问他人的看法,激活已有知识,结合上下文进行推理,等等。理解监控也是一项可以跨学科使用的有效阅读策略,并不局限于语文阅读,在自然科学、社会科学等各个领域的阅读中都可以使用(Han 2017)。

(三)统编教材中提及的有效阅读策略及适用教学模式

鉴于近几十年来国内外的大量实证研究成果,统编小学语文教材也十分注重阅读方法和阅读策略的教学。统编语文教材总主编温儒敏也多次在不同场合强调了阅读方法和阅读策略的重要性。根据笔者对 12 册统编小学语文教材的初步统计，在关于阅读的语文要素中，阅读方法和策略的条目最多，占比约 40.6%，包含查资料、把握文章要点与主要内容、想象、复述、提问、批注、概括（总结）、预测等方法和策略。其中，查资料和把握文章要点与主要内容在单元提示中出现最多，各 5 次，想象出现了 4 次，复述和提问各出现 3 次，批注、概括和预测各出现 1 次。由此可见，统编小学语文教材涵盖了不少上文提到的学界公认有效的阐释策略（把握主要内容、想象、复述、提问、预测）和组织策略（概括总结）。"查资料"在统编小学语文教材中是一个包含了不同策略性思维过程的、较为宽泛的阅读方法，比如，它可能包含一部分理解监控策略（在阅读过程中发现自己哪里不懂，随后去查找相关的资料进行解释），也可能包含搜寻信息以激活背景知识的策略，还可能包含联系已有知识或者其他读过的文本解释文本含义的策略等。也可能是考虑到查找资料的复杂性，统编小学语文教材将查资料放在了高年级。

具体到分布的年级，统编小学语文教材中，阅读策略集中出现在三、四年级，五、六年级较少。三年级要求学生运用想象、复述、提问、概括、预测这五种策略。四年级要求学生运用收集资料、把握文章主要内容、想象、复述、提问、批注六种方法和策略。五年级要求学生搜集资料、把握内容要点、创造性复述。六年级则依然要求学生查资料、通过抓关键句把握文章主要观点、借助文字展开想象。其中，复述和提问还呈现出了一定的梯度要求。比如复述在三年级是了解故事的主要内容、复述故事，到了四年级是了解故事情节、简要复述课文，而到了五年级就要求了解课文内容、创造性复述。提问策略在三年级是带着问题默读，到了四年级就是从不同角度自主提问或者提出不懂的问题并试着解决（见表 1）。

表1 统编小学语文教材三至六年级主要阅读策略分布情况

方法策略	频次	三年级	四年级	五年级	六年级
查资料	5		收集资料，初步学习整理资料的方法（四下）	结合资料体会课文思想感情（五上）；学习搜集资料的基本方法（五下）	借助资料理解课文（六上）；查阅资料加深理解（六下）
把握文章要点与主要内容	5		通过起因、经过、结果，把握文章主要内容（四上）；关注主要人物和事件，把握文章主要内容（四上）；把握长文章主要内容（四下）	根据要求梳理信息，把握内容要点（五上）	抓住关键句，把握文章的主要观点（六上）
想象	4	一边读一边想象画面（三下）；走进想象的世界（三下）	边读边想象画面，感受自然之美（四上）		借助文字展开想象，体会艺术之美（六上）
复述	3	了解故事的主要内容，复述故事（三下）	了解故事情节，简要复述课文（四上）	了解课文内容，创造性复述（五上）	
提问	3	带着问题默读（三上）	从不同角度自主提问（四上）；提出不懂的问题，并试着解决（四下）		

续表

方法策略	频次	三年级	四年级	五年级	六年级
批注	1		学习用批注的方法阅读（四上）		
概括	1	借助关键语句概括一段话的大意（三下）			
预测	1	一边读一边预测（三上）			

注："三上"指"三年级上册"，同类格式依此类推，不再一一注明。

总体而言，统编教材中囊括的阅读策略数量不多，难度适中，效果可靠。这些策略都可以应用于上文提到的明示教学、互惠教学或者交流式策略教学模式。至于自我解释阅读训练和概念导向的阅读教学，更适合科学类的文本，需要结合具体的课文内容和类型斟酌。虽然这些模式可能让人感到眼花缭乱，但以上这些阅读策略教学模式的基础，实际上都是明示教学法。因此，无论何种模式，都离不开教师对使用阅读策略的思维过程一步一步、详细的出声示范。师生讨论或小组讨论交流活动都是在明示教学法基础上添加的互动模块，它们的主要作用是增加学生的兴趣、建构意义。

以总结策略为例，互惠教学和交流式策略教学模式都包含这一策略，但老师并不需要一开始就采用这种包含多元策略和互动元素的教学模式。总结策略的教学起点应该是明示教学。老师需要首先结合前人的研究成果以及自己总结文本内容的思维过程，将"总结"这一复杂的思维过程分步骤拆解，出声示范给学生。比如，根据前人研究，总结策略包含五个基本的步骤，分别是：收集关键信息，如主要人物、行动、结局；删除琐碎细节，比如如果要总结主要人物经历的主要事件，那具体的时间、地点、语言、神态、外貌等描写就可以删除；删除重复信息，比如人物的名字、重复的细节等；归类，即用上位的概念替换具体的例子，比如用"宠物"一词概括原文提到的一系列具体的宠物名称"猫、狗、鹦鹉、沙鼠"，再如用概括性的动词替换一系列表示这个大动作的过程的具体动词，以及将倒叙改成顺叙，将果—因改成因—果；用自己的话给所概括内容添加一句话主题（Symons et al. 1995）。无论采用何种模式教学生总结策略，教师首先都需要用明示教学法详细示范使用以上五个步骤的总结过程。

另一种常见的总结策略是借助故事模式，典型的故事模式包括"问题—反应—行动—解决"，比如《西游记》，每一个故事的基本模式都是唐僧被抓走，悟空、八戒、沙僧的反应，拯救唐僧的行动，以及问题最终如何解决。还有"目标—障碍—行动—问题—解决"，比如《鲁滨逊漂流记》，鲁滨逊每次都是设立一个目标（找食物、做面包、造房子、抵挡野人等），在达成目标的过程中遇到了很多障碍，采取行动克服障碍，产生新的问题，解决新的问题，等等。还有一种老师们熟知的故事模式是"开端—发展—高潮—结局"，但是这种模式对总结故事的实际帮助有限，因为很多学生无法准确判断哪里是发展，哪里是高潮，而且这种切分不能清晰地展现不同部分的内容特征及其逻辑关系。与五步法总结策略类似，故事模式总结策略的教学起点同样是明示教学法，无论老师决定在后续添加互惠教学还是交流式策略教学模式中的互动元素，都需要先用出声思维法给学生详细示范如何使用故事模式进行概括。如果没有充分的教师出声思维示范,只是布置给学生任务(如要求学生边读边提问或者边读边预测),发给学生导学案或练习材料,学生可能就无法真正掌握策略性思维过程;而如果仅有示范和练习,缺乏互动元素或者有趣的阅读活动,阅读策略课堂就有可能变成枯燥的练习课。所以,好的策略教学需要既包含教师详细的示范,又包含丰富的互动交流。

到了高年级,老师们还需要注意引导学生根据阅读目的和情境,灵活、综合地使用多种阅读策略。这也是统编语文教材在六年级专门设置"根据阅读目的,选用恰当的阅读方法"单元的目的,根据元认知理论和阅读阶段理论,随着儿童的年龄增长,他们的元认知水平及使用多种阅读策略的能力会逐渐提升。当学生已经脱离以字词识记为主的阅读初学者阶段,到达流利阅读者阶段时(大致相当于我国的五、六年级),就需要学会在具体的情境中恰当、灵活地运用多种阅读策略,如激活已有知识、辨识文体类型和结构、预测、自主提问、想象、总结、联系、重组、理解监控等,来加深对文本的理解。以美国康涅狄格州沃灵福德公立学校联盟(Wallingford Public Schools)对小学高年级学生的阅读策略要求为例,我们能看到在欧美小学高年级段,多元阅读策略是如何与阅读情境(阅读前、中、后)以及对理解过程的监控有机融合的:

  处于流利阅读者阶段的学生,**在开始阅读前**,要能通过看题目、插图、图注、目录等内容迅速浏览阅读内容,激活已有知识,主动思考关于这个主题自己知道什么,并就文章的文体、自己的阅读目的等进行自主提问。**在阅读过程中**,要能把所阅读的内容想象成画面,把所读内容和已有知识联系起来,适时地停顿,并抓住不同文体的结构特点总结所读部分的主要内容、重要观点或表达技巧。如记叙文应该抓住人物、背景、人物面临的问题和解决方式；说明文要寻找小标题或图表、记录重要观点、综合不同观点得出结论等。还要积极进行理解监控，如主动问问自己"我哪里没有读懂"，如果发现有没懂的地方，可以通过放慢速度再读一遍、查字典、向他人求助等方法来解决。**在阅读结束后**，可以通过图表等形式总结或复述全文内容或观点，就所学内容、作者的目的、文本给自己带来的改变或者将来的实际应用进行自主提问，预测文本故事未来的走向等。（Wallingford Public Schools 2001）

最后，我们还需要注意，阅读策略教学的最终目的是帮助学生在阅读中更好地建构意义、理解文本，而非掌握阅读策略本身。一些研究表明，传统的讲授式阅读教学和对话式阅读教学，在一定条件下也能帮助学生建构意义，提升学生的阅读理解能力，前提是教师个人有着极为丰富的知识或对文本有深刻的领悟。因此，我们也需要对传统的阅读教学模式保持自信，在此基础上，吸收阅读策略教学的优点，帮助我们的学生成为更为独立、自主、高效、富有热情的读者。实际上，目前学界普遍推崇的阅读策略教学模式也存在局限，需要更多跨文化的实验研究进行丰富和完善。我们国内的小学语文老师承担的，正是跨文化的阅读策略教学模式探索者和开创者的角色，相信各位老师的尝试也将给国际阅读教育界和学术界带来有益的启发。

参考文献

黄志军、王晓诚（2020）叩问"阅读策略"：相关概念辨析，《语文教学通讯·B刊》第3期。

Afflerbach, P., Pearson, P. D. and Paris, S. G. (2008) Clarifying differences between reading skills and reading strategies. *The Reading Teacher* 61(5): 364-373.

Alfassi, M. (1998) Reading for meaning: The efficacy of reciprocal teaching in fostering reading comprehension in high school students in remedial reading classes. *American Educational Research Journal* 35(2): 309-332.

Allen, S. (2003) An analytic comparison of three models of reading strategy instruction. *International Review of Applied Linguistics in Language Teaching* 41(4): 319-338.

Anderson, L. W. and Krathwohl, D. R. (2001) *A Taxonomy for Learning, Teaching, and Assessing: A Revision of Bloom's Taxonomy of Educational Objectives*. Boston, MA: Pearson Education Group.

Bailey, E. (2020) *Predictions to Support Reading Comprehension*. Retrieved from https://www.thoughtco.com/predictions-to-support-reading-comprehension-3111192.

Barr, R. (2001) Research on the teaching of reading. In V. Richardson (Ed.), *Handbook of Research on Teaching (4th edition)*, 390-415. Washington, D. C.: American Educational Research Association.

Beck, I. L., McKeown, M. G., Sandora, C., Kucan, L. and Worthy, J. (1996) Questioning the author: A yearlong classroom implementation to engage students with text. *The Elementary School Journal* 96(4): 385-414.

Beers, K. (2003) *When Kids Can't Read: What Teachers Can Do*. Portsmouth, NH: Heinemann.

Berninger, V. W., Abbott, R. D., Vermeulen, K. and Fulton, C. M. (2006) Paths to reading comprehension in at-risk second-grade readers. *Journal of Learning Disabilities* 39(4): 334-351.

Boardman, A. G., Boelé, A. L. and Klingner, J. K. (2018) Strategy instruction shifts teacher and student interactions during text-based discussions. *Reading Research Quarterly* 53(2): 175-195.

Boerma, I., Mol, S. E. and Jolles, J. (2016) Reading pictures for story comprehension requires mental imagery skills. *Frontiers in Psychology* 7: 1630.

Brown, A. L. and Day, D. J. (1983) Macrorules for summarizing texts: The development of expertise. *Journal of Verbal Learning and Verbal Behavior* 22(1): 1-14.

Brown, R., Pressley, M., Van Meter, P. and Schuder, T. (1996) A quasi-experimental validation of Transactional Strategies Instruction with low-achieving second-grade readers. *Journal of Educational Psychology* 88 (1): 18-37.

deBettencourt, L. U. (1987) Strategy training: A need for clarification. *Exceptional Children*, 54(1): 24-30.

Deshler, D. D., Palincsar, A. S., Biancarosa, G. and Nair, M. (2007) *Informed Choices for Struggling Adolescent Readers: A Research-Based Guide to Instructional Programs and Practices*. New York: Carnegie.

Dole, J. A., Nokes, J. D. and Drits, D. (2009) Cognitive strategy instruction. In S. E. Israel and G. G. Duffy (Eds.), *Handbook of Research on Reading Comprehension*, 347-372. New York: Routledge.

DuCharme, C., Earl, J. and Poplin, M. S. (1989) The author model: The constructivist view of the writing process. *Learning Disability Quarterly* 12(3): 237-242.

Fillenworth, L. I. (1995) *Using Reciprocal Teaching to Help At-Risk College Freshmen Study and Read*. Minnesota: University of Minnesota. (Ph. D. dissertation)

Goldman, S. R. (2012) Adolescent literacy: Learning and understanding content. *The Future of Children* 22(2): 89-116.

Gu, Y. X. (2019) *The Effects of Integrated Instruction on Chinese Sixth Graders' Reading Comprehension, Reading Motivation and Strategy Use in Fiction Reading*. Hong Kong: The Chinese University of Hong Kong. (Ph.D. dissertation)

Gu, Y. X. and Lau, K. L. (2021) Examining the effects of integrated instruction on Chinese sixth-graders' reading comprehension, motivation, and strategy use in reading fiction books. *Reading and Writing* 34(10): 2581-2602.

Guthrie, J. T., Van Meter, P., McCann, A. D., Wigfield, A., Bennett, L., Poundstone, C. C., ... and Mitchell, A. M. (1996) Growth of literacy engagement: Changes in motivations and strategies during Concept-Oriented Reading Instruction. *Reading Research Quarterly* 31(3): 306-332.

Guthrie, J. T. and Wigfield, A. (2000) Engagement and motivation in reading. In. M. L. Kamil, P. B. Mosenthal, P. D. Pearson and R. Barr (Eds.), *Handbook of Reading Research* Vol. 3, 403-422. New York: Longman.

Guthrie, J. T., Wigfield, A. and VonSecker, C. (2000) Effects of integrated instruction on motivation and strategy use in reading. *Journal of Educational Psychology* 92(2): 331-341.

Guthrie, J. T., Wigfield, A., Barbosa, P., Perencevich, K. C., Taboada, A., Davis, M. H., Scafiddi, N. T. and Tonks, S. (2004) Increasing reading comprehension and engagement through Concept-Oriented Reading Instruction. *Journal of Educational Psychology* 96(3): 403-423.

Guthrie, J. T., McRae, A. and Klauda, S. L. (2007) Contributions of Concept-Oriented Reading Instruction to knowledge about interventions for motivations in reading. *Educational Psychologist* 42(4): 237-250.

Haberlandt, K. F. and Graesser, A. C. (1985) Component processes in text comprehension and some of their interactions. *Journal of Experimental Psychology: General* 114(3): 357-374.

Han, F. (2017) Comprehension monitoring in Chinese reading among Chinese adolescent readers. *Theory and Practice in Language Studies* 7(4): 241-247.

Hudson, T. (1998) Theoretical perspectives on reading. *Annual Review of Applied Linguistics* 18: 43-60.

Jovet, C., Légal, J. B., Jhean-Larose, S. and Denhière, G. (2007) Resonance, contextual overlap and goal reactivation: The case of subgoal-related contextual cues. *Current Psychology Letters/Behavior, Brain and*

Cognition 3(23): 1-20.

Keene, E. O. and Zimmerman, S. (1997) *Mosaic of Thought: Teaching Comprehension in a Reader's Workshop*. Portsmouth, NH: Heinemann.

Kintsch, W. and van Dijk, T. A. (1978) Toward a model of text comprehension and production. *Psychological Review* 85(5): 363-394.

Kintsch, W. (1998) *Comprehension: A Paradigm for Cognition*. Cambridge: Cambridge University Press.

Lau, K. L. (2002) *Chinese Reading Comprehension of Hong Kong Secondary Students: Low Achievers' Reading Problems and the Effects of Cognitive Strategy Instruction*. Hong Kong: The Chinese University of Hong Kong. (Ph.D. dissertation)

Lau, K. L. and Chan, D. W. (2003) Reading strategy use and motivation among Chinese good and poor readers in Hong Kong. *Journal of Research in Reading* 26(2): 177-190.

Lau, K. L. (2020) The effectiveness of self-regulated learning instruction on students' classical Chinese reading comprehension and motivation. *Reading and Writing* 33: 2001-2027.

Lederer, J. M. (2000) Reciprocal teaching of social studies in inclusive elementary classrooms. *Journal of Learning Disabilities* 33(1): 91-107.

Lundberg, I. (1991) Cognitive aspects of reading. *International Journal of Applied Linguistics* 1(2): 151-163.

Martin, V. L. and Pressley, M. (1991) Elaborative-interrogation effects depend on the nature of the question. *Journal of Educational Psychology* 83(1): 113-119.

Marzano, R. (2010) Teaching inference. *Educational Leadership* 67(7): 80-81.

Mathes, P. G., Denton, C. A., Fletcher, J. M., Anthony, J. L., Francis, D. J. and Schatschneider, C. (2005) The effects of theoretically different instruction and student characteristics on the skills of struggling readers. *Reading Research Quarterly* 40(2): 148-182.

McNamara, D. S. (2004) SERT: Self-explanation reading training. *Dis-

course Processes 38(1): 1-30.

McNamara, D. S. (2017) Self-explanation and reading strategy training (SERT) improves low-knowledge students' science course performance. *Discourse Processes* 54(7): 479-492.

Melanlioglu, D. (2014) Impact of metacognitive strategies instruction on secondary school students' reading anxieties. *Education and Science* 39(176): 107-119.

Moreillon, J. (2007) *Collaborative Strategies for Teaching Reading Comprehension: Maximizing Your Impact.* Chicago, IL: American Library Association.

Muijselaar, M. M. L., Swart, N. M., Steenbeek-Planting, E. G., Droop, M., Verhoeven, L. and de Jong, P. F. (2017) Developmental relations between reading comprehension and reading strategies. *Scientific Studies of Reading* 21(3): 194-209.

National Reading Panel (2000) Teaching children to read: An evidence-based assessment of the scientific research literature on reading and its implications for reading instruction. Washington, D. C.: National Institute of Child Health and Human Development.

Okkinga, M., van Steensel, R., van Gelderen, A. J. S., van Schooten, E., Sleegers, P. J. C. and Arends, L. R. (2018) Effectiveness of reading-strategy interventions in whole classrooms: A meta-analysis. *Educational Psychology Review* 30(4): 1215-1239.

O'Reilly, T., Symons, S. and Maclatchy-Gaudet, H. (1998) A comparison of Self-Explanation and Elaborative Interrogation. *Contemporary Educational Psychology* 23(4): 434-445.

Oxford, R. L. (1990) *Language Learning Strategy: What Every Teacher Should Know.* New York: Newbury House Publishers.

Palincsar, A. S. and Brown, A. L. (1986) Interactive teaching to promote independent learning from text. *The Reading Teacher* 39(8): 771-777.

Palincsar, A. S. and David, Y. M. (1991) Promoting literacy through classroom dialogue. In E. H. Hierbert (Ed.), *Literacy for a Diverse So-*

ciety: Perspectives, Practices and Policies, 122-140. New York: Teachers College Press.

Pressley, M., El-Dinary, P. B., Gaskins, I., Schuder, T., Bergman, J. L., Almasi, J. and Brown, R. (1992) Beyond direct explanation: Transactional instruction of reading comprehension strategies. *The Elementary School Journal* 92(5): 513-555.

Pressley, M. (1998) *Reading Instruction that Works: The Case for Balanced Teaching*. New York: The Guilford Press.

Pressley, M., El-Dinary, P. B., Wharton-McDonald, R. and Brown, R. (1998) Transactional instruction of comprehension strategies in the elementary grades. In D. H. Schunk and B. J. Zimmerman (Eds.), *Self-Regulated Learning: From Teaching to Self-Reflective Practice*, 42-55. New York: The Guilford Press.

Pruisner, P. (2009) Moving beyond No Child Left Behind with the merged model for reading instruction. *TechTrends* 53(2): 41-47.

Raphael, T. E. and Au, K. H. (2005) QAR: Enhancing comprehension and test taking across grades and content areas. *The Reading Teacher* 59(3): 206-221.

Rasinski T. V. and Deford D. E. (1988) First graders' conceptions of literacy: A matter of schooling. *Theory into Practice* 27(1): 53-61.

Rosenshine, B. and Meister, C. (1994) Reciprocal teaching: A review of the research. *Review of Educational Research* 64(4): 479-530.

Schmidt, R. J., Rozendal, M. S. and Greenman, G. G. (2002) Reading instruction in the inclusion classroom: Research-based practices. *Remedial and Special Education* 23(3): 130-140.

Short, K. G. (1991) Literacy environments that support strategic readers. In D. E. DeFord, C. A. Lyons and G. S. Pinnell (Eds.), *Bridges to Literacy: Learning from Reading Recovery*, 97-118. Portsmouth, NH: Heinemann.

Slavin, R. E., Cheung, A., Groff, C. and Lake, C. (2008) Effective reading programs for middle and high schools: A best-evidence synthesis.

Reading Research Quarterly 43(3): 290-322.

Slavin, R. E., Lake, C., Chambers, B., Cheung, A. and Davis, S. (2009) Effective reading programs for the elementary grades: A best-evidence synthesis. *Review of Educational Research* 79(4): 1391-1466.

Stahl, S. A. (1997) Instructional models in reading: An introduction. In S. A. Stahl and D. A. Hayes (Eds.), *Instructional Models in Reading*, 1-30. Mahwah, NJ: Lawrence Erlbaum Associates.

Sun, Y. K., Wang, J. D., Dong, Y., Zheng, H. Y., Yang, J., Zhao, Y. M. and Dong, W. Y. (2021) The relationship between reading strategy and reading comprehension: A meta-analysis. *Frontiers in Psychology* 12: 1-11.

Symons, S., Richards, C. and Greene, C. (1995) Cognitive strategies for reading comprehension. In E. Wood, V. E. Woloshyn and T. Willoughby (Eds.), *Cognitive Strategy Instruction for Middle and High Schools*, 66-87. Cambridge, MA: Brookline.

Trabasso, T., Secco, T. and van den Broek, P. (1984) Causal cohesion and story coherence. In H. Mandl, N. L. Stein and T. Trabasso (Eds.), *Learning and Comprehension of Text*, 83-111. Hillsdale, NJ: Erlbaum.

Tracey, D. H. and Morrow, L. M. (2012) *Lenses on Reading: An Introduction to Theories and Models*. New York: The Guilford Press.

van den Broek, P., Risden, K., Fletcher, C. R. and Thurlow, R. (1996) A "landscape" view of reading: Fluctuating patterns of activation and the construction of a stable memory representation. In B. K. Britton and A. C. Graesser (Eds.), *Models of Understanding Text*, 165-187. Mahwah, NJ: Lawrence Erlbaum Associates.

VanDeWeghe, R. (2007) Research matters: What kinds of classroom discussion promote reading comprehension?. *English Journal* 96(3): 86-91.

Veenman, M. V. J., Van Hout-Wolters, B. H. A. M. and Afflerbach, P. (2006) Metacognition and learning: Conceptual and methodological considerations. *Metacognition and Learning* 1(1): 3-14.

Verhoeven, L. and Perfetti, C. (2008) Advances in text comprehension:

Model, process and development. *Applied Cognitive Psychology* 22(3): 293-301.

Wallingford Public Schools (2001) *Reading Strategies by Level*. Retrieved from https://www.wallingford.k12.ct.us/uploaded/Curriculum/ENG_LA_K-12/LA__Reading_Strategies_by_Level.pdf.

Weinstein, C. E. and Mayer, R. E. (1986) The teaching of learning strategies. In M. C. Wittrock and American Educational Research Association (Eds.), *Handbook of Research on Teaching: A Project of the American Educational Research Association*, 315-327. New York: Macmillan.

Wigfield, A., Guthrie, J. T., Tonks, S. and Perencevich, K. C. (2004) Children's motivation for reading: Domain specificity and instructional influences. *The Journal of Educational Research* 97(6): 299-309.

Reading Strategies: The Theoretical Basis, Instruction Models, and Effective Reading Strategies

Gu Yixin

Abstract: Reading strategies originate from cognitive learning theory. From the perspective of cognitive learning theory, reading is an active, continuous and interactive cognitive process. Compared with reading methods and reading skills, reading strategies emphasize setting up clear reading goals and controlling and regulating reading processes actively and deliberately. From the 1970s to the early 21st century, the teaching models of reading strategies have evolved from single approach to multiple approaches. Commonly used strategy-based reading instruction models include Explicit Instruction, Reciprocal Teaching, Self-Explanation Reading Training, Transactional

Strategy Instruction, and Concept-Oriented Reading Instruction. In the past several decades, researchers have conducted a number of empirical studies on the classification and effects of different reading strategies. So far, researchers have basically reached an agreement on the most effective reading strategies, which mainly include activating prior knowledge, predicting, making inferences, visualizing, making connections, question generation, summarization, and comprehension monitoring, etc. Based on these empirical results, the unified edition of Chinese textbooks for elementary schools in grades three to six include a variety of effective reading strategies, which provides scientific guidance for reading instruction in elementary education.

Keywords: reading strategies, cognitive learning theory, instruction models, evidence-based research

（100101　北京，北京联合大学师范学院　sftyixin@buu.edu.cn）

阅读理解与阅读策略
——学习、消化的四个步骤

王荣生

提要 我国语文教育研究者和语文教师关于阅读理解与阅读策略的知识，依赖相关译著，无论是语文教育研究者还是中小学语文教师，目前大家都是"新手"，都处在学习、消化的初级阶段。学习、消化关于阅读理解与阅读策略的知识，建议采用以下四个步骤：一是按译著原文的意思去理解；二是直面事情本身，体察自己的阅读理解过程；三是从原理上去理解和把握；四是结合自己的教学课例进行反思，改进教学。

关键词 阅读理解　阅读策略　知识　学习　四个步骤

语文教师最主要的工作是教（指导）学生阅读理解他们所读的课文材料，教（指导）学生学习运用阅读策略则是其重要的组成部分。

当我们说"教"或者"指导"的时候，预设的前提是"教"或者"指导"的语文教师应该是这方面的专家。就像驾驶教练对车和驾驶都有较充分的了解和较丰富的经验，语文教师对阅读理解与阅读策略也应该有较充分的了解和较丰富的经验。

但实际的情况却不是这样的。阅读理解与阅读策略的知识来源于认知心理学的研究，而我国师范院校培养语文教师的课程几乎没有这方面的内容，似乎也没有能够承担起这方面课程教学的高校教师。我国语文教育研究者和语文教师关于阅读理解与阅读策略的知识，依赖相关译著，并且大家都是"新手"，都处在学习、消化的初级阶段。如果说有些差别，那也只是先学和后学、先一步知晓和后一步知晓的差别而已。

根据笔者的经验体会，建议老师们采用以下四个步骤来学习、消化关于阅读理解与阅读策略的知识。

一、按译著原文的意思去理解

教育学、心理学、语言学等领域的绝大部分专业词汇都是"移植词"（陈嘉映 2014：116）。移植词对应于某个外文词，它的意思基本上是那个外文词的意义，例如：教学目标，教学内容，教学模式，大概念，深度学习，批判性思维，阅读策略，等等。我们不能想当然地按照中文词语的语义联想去对付这些词汇，而要按照著作中所定义的含义去理解和把握。

从国外的文献看，"阅读策略"这个名词有三种用法：第一种是宽泛的用法，包括我们所理解的"技能""方法"等，比如，《美国学生阅读技能训练》（珍妮佛 2018）罗列 300 条，书名中被译为"技能"的词，原词是"策略"（strategies）。第二种用法遵循"策略"的定义——"策略是指为了有意识地实现某个目标而采取的一种（或者一组）概括性的计划"（戴蒙、勒纳 2015：584），但包含广义的阅读和狭义的阅读。广义的阅读活动指做阅读这件事,广义的阅读策略类似于"读书法""读书方法"。狭义的阅读策略,即"阅读理解策略"。第三种用法,特指"阅读理解策略",指具体语篇的阅读理解过程（process of comprehension）中所采取的策略。

一般来说,在所读的译著中作者会解释该著作中"阅读策略"的所指,我们按该译著原文的意思去理解即可,而不必去纠缠这本书所说的"阅读策略"跟那本书所说的"阅读策略"的异同。

目前引进的译著,如阿德丽安·吉尔（Adrienne Gear）的《阅读力：文学作品的阅读策略》和《阅读力：知识读物的阅读策略》,斯蒂芬妮·哈维、安妮·古德维斯（Stephanie Harvey and Anne Goudvis）的《上好一堂阅读课》（第3版）,苏珊·齐默尔曼、克莉丝·哈钦斯（Susan Zimmermann and Chryse Hutchins）的《阅读的7项核心技能》等,所讲的都是狭义的阅读策略,即"阅读理解策略"。笔者建议转述这些书上内容的时候,不要简称"阅读策略",用全称"阅读理解策略"不容易混淆。

同样,要依据译著中作者所界定的含义去理解。比如,推论、猜测、推想、预测,有的作者是分别定义的,有的作者则把它们归拢在一起。阿德丽安·吉尔认为,在知识类读物的阅读中,"提问能力和推测能力之间存在着明显的联系"（阿德丽安2017a：100）,所以把这两种在她的《阅读力：文学作品的阅读策略》（阿德丽安2017b）中合并为一章。强行以中文的语义去"辨析",大多是自寻烦恼之举。

以上说的是如何学习译著,理解、消化关于阅读策略的知识。如果要进一步了解这方面的知识,有三本必读的译著,每本中有30多页的内容。一是D. W. 卡罗尔《语言心理学》（第四版）第七章"语篇理解与记忆"（卡罗尔2007：153—186）,一是戴蒙、勒纳（William Damon and Richard M. Lerner）主编《儿童心理学手册》（第六版）第二卷第十二章"认知策略"（戴蒙、勒纳2015：583—625），一是玛丽安娜·沃尔夫（Maryanne Wolf）《普鲁斯特与乌贼：阅读如何改变我们的思维》第5—6章"阅读者的五大进阶"（玛丽安娜2012：104—153）。如果还想进一步了解，可资学习的著作是莫雷等著《文本阅读信息加工过程研究——我国文本阅读双加工理论与实验》（莫雷、冷英、王瑞明2009）。

据笔者判断，造成一线语文教师认知困惑的，主要不是上面所说的译著和专著，而是语文教学杂志上的各类文章，尤其是对教材中相关单元的阐释文章。这些文章是否有参考价值，一个很重要的判断标准是看其是否引用了上文提到的那几本书以及所引用的语句是否符合该著作的本义。

将阅读策略引进语文教学，起于统编小学语文教材，据教材编撰者介绍，从三年级到六年级的上册编排有四个"阅读策略"单元，即三年级上册"预测"单元、四年级上册"提问"单元、五年级上册"提高阅读速度"单元、六年级上册"有目的地阅读"单元。"预测"和"提问"这两个单元，基本上是"阅读理解策略"，"阅读要有一定的速度""根据阅读目的，选用恰当的阅读方法"则大抵是广义的阅读策略，主要涉及"略读"。笔者建议还是按教材原文的意思去理解，不必陷入属于"阅读策略"还是不属于"阅读策略"之类的无谓争辩。

两位语言学家塞缪尔·早川、艾伦·早川（Samuel Hayakawa and Alan Hayakawa）合著的《语言学的邀请》一书中有一个有趣的说法，可以帮我们来对付"各执一词"的状况。他们（塞缪尔、艾伦2015：67—69）说：词语有外向意义和内向意义，每次有人要你说明一个词语的外向意义时，你只需一手捂着嘴，一手指着那样东西即可（见图1）；每当我们用别的词语来解释一个词语时，我们所告诉人的就是其内向意义（见图2）。"倘若一句话有外向意义，争论可以有结束，双方也可达成一致看法；倘若一句话只有内向意义而没有外向意义，我们就可能而且常常会争论不休。"

图1　外向意义 　　　　　　　图2　内向意义

比如，三年级上册"预测"，单元页上同时出现"猜测""推想""预测"；五年级上册"阅读要有一定的速度"，包括跳过不重要的词语，减少回读，扩大视距（一眼看到的内容），抓住课文的主要意思，根据篇章特点、利用中心句推测下文等技能。另外，有些未被定位为"阅读策略"的单元，实际上是阅读理解策略，例如三年级上册"感受童话丰富的想象""学习带着问题默读"等。笔者建议，当我们指认小学语文教材的"阅读策略"单元时，只需一手捂着嘴，一手指着该单元所言说的那样东西即可。

关键是老师（读者）要形成自己思考时使用的一套一以贯之的专业词汇，也就是明确专业词汇的所指（外向意义），并按该所指使用这个专业词汇，比如"阅读理解策略"。

理想的情况是语文教育界形成一套有共识理解的专业词汇。原则性的分别是有的：第一，阅读策略（广义）和阅读理解策略（狭义),是跨文类跨文体的,也就是说,不管读什么样的书或文章,都有可能会使用到这些策略。第二,阅读方法是分文类、分文体的,只有读这一类书或这一类文章,才用到这些特定的阅读方法。第三,阅读技能是需要(可以)自动化的,比如减少回读、扩大视距等,通过适当的训练使之成为学生(读者)阅读时的无意识的阅读行为,才有教学的价值和意义。

二、直面事情本身

阅读理解与阅读策略的知识,是对成熟读者的阅读经验的系统化提炼。它们根源于阅读者的阅读经验。学习、消化关于阅读理解和阅读理解策略的知识,最有效的办法就是反思自己的阅读理解过程。我们以一年级下册《一分钟》这篇课文为例,看看自己的阅读理解过程。

《一分钟》课文文本:

一分钟

丁零零,闹钟响了。元元打了个哈欠,翻了个身,心想:再睡一分钟吧,就睡一分钟,不会迟到的。

过了一分钟,元元起来了。他很快地洗了脸,吃了早点,就背着书包上学去了。到了十字路口,他看见前面是绿灯,刚想走过去,红灯亮了。他叹了口气,说:"要是早一分钟就好了。"

他等了一会儿,才走过十字路口。他向停在车站的公共汽车跑去,眼看就要到了,车子开了,他又叹了口气,说:"要是早一分钟就好了。"

他等啊等，一直不见公共汽车的影子，元元决定走到学校去。

到了学校，已经上课了。元元红着脸，低着头，坐到了自己的座位上。李老师看了看手表，说："元元，今天你迟到了二十分钟。"

元元非常后悔。

标题。看到标题"一分钟"，借助于**预视**（眼睛瞟一眼），我们大致能**预测**（猜想）这是一篇关于一分钟的儿童故事。**联系**阅读经验，几乎无意识地选择按故事（文体）的模式（图式）去理解，比如，我们不会去质疑"元元"这个名字（学生的名字应该是有姓有名），我们也不会去质疑"元元"的父母在哪儿——如果一年级小朋友课上问"爸爸妈妈怎么不管元元呢？"，说明学生对"故事"还缺乏必要的阅读经验。

第一段。"丁零零，闹钟响了"，**联结**日常经验，**推论**，阅读理解：该起床了。注意，所读的文字是"丁零零，闹钟响了"，但我们的阅读理解是这些文字所表达的意思：到了必须起床的时间了；而且，这个时间点是他自己定的。"元元打了个哈欠，翻了个身"，**联结**日常经验，**推论**，阅读理解：没睡够，没有起床，看来也不想马上起床。"心想"，**推论**，阅读理解：找不起床的理由呢。"再睡一分钟吧，就睡一分钟，不会迟到的"，**推论**，阅读理解：要求不高嘛，有底线。从三个方面找理由："再睡"，意思是比规定起床的时间"多睡"；"就睡一分钟"，意思是"只"一分钟；"不会迟到的"，这是底线，也是所抱有的希望。三个方面的理由说服了他自己。**推测**：如果我们从阅读这个语句的时间来看，从三个方面来说服自己，差不多一分钟也过去了，"再睡一分钟"其实是在床上多躺一分钟,并不是"睡",也睡不着,躺着也很不踏实。**图像化**,想象元元赖在床上说服自己的样子。**猜测**:接下来可能要出麻烦事了。

第二段。"过了一分钟,元元起来了",**联结**日常经验,阅读理解:好自觉的孩子,说到做到,就一分钟。"他很快地洗了脸,吃了早点,就背着书包上学去了",**推测**,阅读理解:有点担心迟到了,想抢回那被自己拖延的一分钟。"到了十字路口,他看见前面是绿灯,刚想走过去,红灯亮了",**联结**日常经验,阅读理解:"看见前面是绿灯",以为可以赶上;"红灯亮了",**推断**:过马路不可闯红灯,遵守交通规则的好孩子。"他叹了口气,说:'要是早一分钟就好了。'",**推断**,阅读理解:担心有麻烦了,后悔不该多躺那一分钟。"就好了",意思是就不会被耽搁在这里,能顺顺利利及时过马路了,**猜测**:接下来可能还要出麻烦事。

第三段。"他等了一会儿,才走过十字路口",**联结**日常经验,**推测**:十字路口的马路较繁忙,红灯的时间稍长。"他向停在车站的公共汽车跑去",**推测**:看来公交车一向都是较准时的,看来学校的距离较远。"眼看就要到了,车子开了","眼看",马上,就要。"他又叹了口气,说:'要是早一分钟就好了。'","就好了",阅读理解:就能赶上公交车了,就能按时到学校了。**猜测**:接下来可能还要出麻烦事。

第四段。"他等啊等,一直不见公共汽车的影子",**图像化**,想象元元焦急的样子。"元元决定走到学校去","定"第四声,下了好大的决心。**猜测**:肯定要迟到了。

第五段。"到了学校,已经上课了",**推断**,阅读理解:元元迟到了。"元元红着脸,低着头,坐到了自己的座位上",**推断**,阅读理解:元元很不好意思,很愧疚,自己感觉犯了大错。"李老师看了看手表",**推测**：看来李老师吃了一惊；"元元，今天你迟到了二十分钟",**推测**：老师能妥善处理意外事件，听起来只讲事实，其实是较严厉的批评。

结尾段。"元元非常后悔"，"非常"，程度。联系上文，**总结或综合**：元元其实一直在后悔，后悔了一路。**推论、综合**：这篇故事通过多睡一分钟导致迟到二十分钟的事件，讲述了"守时"的重要性。破坏了规则，看起来只破坏了一点点，会导致本不想要的后果。

如果老师们再读一遍《一分钟》这篇课文，一句一句地读，拉长阅读时自己思考（阅读理解）的过程，就一定能够悟出下面的道道儿来。

第一，认识课文中的字词，读懂语句、语段和语篇的字面意思。要通过记忆和练习达到自动化的知识和技能，这是小学低学段的主要学习任务，逐步达到流利阅读，包括流利朗读和连贯默读。比如，"再睡一分钟吧"的"再"、"就睡一分钟"的"就"、"刚想"的"刚"等的音形义，"迟到""眼看""决定""非常""后悔"等词语的语义，"要是……就……"等句式。

第二，阅读方法的运用。按照虚构故事的模式来阅读理解，开端—经过—结果，愿望—障碍—结果。当小学生能基本流利地朗读这篇课文时，应不失时机地引导学生用讲述的语气语调朗读故事。

第三，阅读理解策略的运用。阅读理解的核心是推论，也就是读出字里行间所表达的意思，读出词语和语句在上下文语境中的语义。阅读理解过程中有大量的推论，包括推断、推测、预测等，还综合地运用了"联结""图像化"等多种阅读理解策略。

三、从原理上去理解和把握

通过学习一两本译著，了解阅读策略的具体所指，结合自己的阅读经验，对阅读理解和阅读理解策略有了较直观的体认，这还不够。我们还必须从原理的高度去理解和把握，明白阅读理解的含义，明白阅读理解策略的作用，明白为什么要特意教学生学习一些重要的阅读理解策略。

（一）阅读理解的核心是推论

阅读活动的核心是理解，"这几乎是所有教育家、心理学家的共识"（《心理学百科全书》编辑委员会 1995：518）。正如丹麦阅读研究专家摩根斯·詹森所指出的："阅读和理解之间的区别仅仅是语义上的区别，因为没有理解，阅读就只是在追随书页上的记号。"（博比·尼特 2004：8）

阅读的自然单位是语篇（卡罗尔 2007：154）。综合心理学的研究，语篇阅读理解的心理过程大致可以描述为：

　　1. 从眼动与注视、字词辨识，到句子处理，读者把握了文章的字面讯息；

　　2. 推论，读者根据文章的字面讯息，推敲字里行间没有明言的隐含讯息；

　　3. 连贯篇章和建立文章结构，读者把文章衔接并连贯成为一个可理解的整体；

　　4. 赏析文章整体的目的，读者把所理解的文章内容与自己的生活对照与结合，加深了对世界的认识，进而或欣赏文

章，或对文章表示质疑。(谢锡金、林伟业、林裕康、罗嘉怡 2005：20)

上述心路历程，在阅读活动中几乎是同步进行的，从而产生阅读理解的结果。阅读理解的结果，即"读者掌握篇章的作者所要表达或希望读者知道的意思"(谢锡金等 2005：10)。

正如卡罗尔(2007：155)所说："连接性语篇的理解与其说是依赖于语篇中各个句子的意义，还不如说是依赖于这些句子的排列。"语篇中的词句不可能把所有的信息都描述出来，要对存在着语义联系的语篇形成语段的局部连贯理解和语篇的整体连贯理解，读者必须运用多种"推论"。

语篇阅读心理学认为，在"自然阅读"条件下——认识所读语篇的那些字、能够解码字面意思、对所读语篇所涉的内容主题有相应的背景知识和生活经验，且没有特定阅读任务时，决定阅读理解的主要因素是"联系性推论"。联系性推论，就是依赖读者所具有的外在语篇的知识经验对语句之间的关系做出推断。例如"丁零零，闹钟响了"，阅读理解是推论：该起床了，到了必须起床的时间了；而且，这个时间点是元元自己定的。

其实，在真实的阅读情境中，"没有特定阅读任务"是相对较少的；相反，成人世界的绝大多数阅读，关涉学习、生活、工作、社会和个人精神生活的阅读，都是有(自发或被要求的)特定阅读任务的。有特定任务的阅读，读者依据阅读取向、阅读目的和语篇类型的"图式"而主动进行积极的推论。

阅读中还会产生"联想性推论"。"联想性推论"，即"图像化"，一般伴随语词的字面理解而自然地生发。成熟的阅读者，在阅读中伴有大量的"联想性推论"，因而他们所理解的文意，比能力弱的读者要丰富得多。借助联想和想象，"再造"内含于字里行间的种种情境,这是文学作品阅读的关键之一。

实用文章中的种种论断,背后往往潜藏着作者的描述性预设和价值预设。"描述性预设",是作为论断前提的事实认定。"价值预设",是作为论断前提的价值信念。比如"禁止吸烟"这一标语,就潜藏着吸烟有害身体、不吸烟者会被动吸烟、被动吸烟危害健康等描述性预设。"公共场合禁止吸烟",它的合理性建立在吸烟是恶习、危害别人健康是不人道行为、不顾禁令是违法行为等一系列"价值预设"的基础上。揭示潜藏在词句背后的预设,是实用文章阅读,尤其是批判性阅读的关键之一。

(二)阅读理解策略是为了促进阅读理解

阅读的目的,是为获得阅读理解的结果;但学习阅读,则需从阅读理解过程入手,即学习有效地运用阅读方法和阅读策略(见图3)。

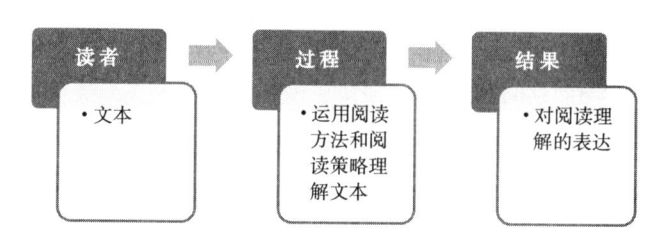

读者(·文本) → 过程(·运用阅读方法和阅读策略理解文本) → 结果(·对阅读理解的表达)

图3 阅读理解的过程与结果

在基本具备解码能力、对语篇所涉主题内容比较不陌生的前提下,可以认为:语篇的理解主要来源于理解过程的心智活动,即阅读方法和阅读策略的运用。

阅读理解的过程与结果,相辅相成;对语篇的阅读理解结果与理解这一语篇的阅读方法和策略,互为因果。也就是说,适当运用阅读方法和策略,会产生较好的理解结果;而不能够运用与阅读目的相应的阅读方法和策略,则导致较差的理解结果。

我们用具体语篇的阅读理解结果,来推测阅读方法和策略运用的心理过程,即阅读理解能力;同时,我们又用所推测的阅读方法和策略,即在阅读理解过程中做什么或不能做什么,来解释为什么有这样或那样的阅读理解结果。

也就是说,语文教师不是为了教阅读方法、阅读理解策略而教,之所以要教,是为了促进学生的阅读理解,目的是提高学生的阅读理解能力——"为了实现个人发展目标、增长知识、发挥潜能并参与社会活动,而理解、使用、反思书面文本并参与阅读活动的能力"(国际学生评估项目中国上海项目组 2013:7)。

(三)学生较普遍有"产生式缺陷"

玛丽安娜·沃尔夫《普鲁斯特与乌贼:阅读如何改变我们的思维》一书中描述了学习阅读的渐进过程(见表1)。

表1 学习阅读的渐进过程

渐进过程	大致时段	典型特征
萌芽级阅读者	生命的最初5年	持续接触到口语和书面语言,接触文字、书面材料。
初级阅读者	幼儿园至小学一年级	字形和读音发生联系,破解文字并且了解其含义。识字音形义及词语语义。
解码级阅读者	7—8岁,三至四年级	扩大词汇量,能够读懂字面意思、大略复述内容、回答老师提问等。
流畅级阅读者	从解码级到流畅级,这段旅程会一直持续到青少年时期	理解型阅读者,策略性阅读者。要变得流畅的关键在于真正的阅读,即理解。

续表

渐进过程	大致时段	典型特征
专家级阅读者	一生持续	每一个文本的整体复杂度都会影响到专家级阅读者的理解力。阅读脑的发展永不结束。

注：本表由笔者据《普鲁斯特与乌贼：阅读如何改变我们的思维》110—153页内容制作。

从解码级到流畅级是阅读力发展的关键。玛丽安娜·沃尔夫（2012：125—130）用"危险时刻"来形容这个转变期：解码并不意味着理解，从解码阅读转变为流畅阅读，许多儿童从未完成这样的转变。据美国国家阅读委员会报告，有30%—40%的四年级儿童无法完全流畅地阅读，无法恰当地理解所读的内容。也就是说，这些儿童可以成为初级阅读者，他们能够从所读材料中获取资讯，但不具备"通过阅读来学习"的能力，"除非及时处理这些问题，否则这些儿童的未来注定蒙上尘埃"。玛丽安娜·沃尔夫（2012：126—127）解释道：

> 流畅度的逐渐提升让孩子能够进行推理，因为这延长了他们进行推理与思考的时间。流畅度并不确保有更好的理解，但是会提供整个执行系统（大脑）额外的时间，好将注意力直接放在最需要的地方，诸如推测、理解、预测，或者回过头修正前后不一致的理解或是重新赋予一种意思。

玛丽安娜·沃尔夫（2012：133）说：

> （从解码级到流畅级）这段旅程通常会一直持续到青少年时期，一路上会遭遇许多障碍……初中的年轻阅读者从一开始就必须学会以新的方式进行思考，虽然有许多儿童都准备

好了,但是也有许多儿童还没有。

阅读研究专家皮尤从另外一个角度来论述同样的问题:"很多高等院校在20世纪70年代和80年代早期开设了学习技能课程,想要教一年级的新生学会更有效率的阅读和做笔记的策略,但证据表明,学生们无法改变自己固有的习惯,即便是在上一些专门的课时他们能有良好的表现。"(博比·尼特 2004:30)

笔者未接触到我国在这方面的相关数据。但从30多年中小学课堂观察和大学生、研究生教学时的观感来看,相信有较大数量的青少年和成年人被卡在解码级阅读者转变为流畅级阅读者(理解型阅读者)的半途中。

认知心理学家们给出造成许多人被卡在学习阅读的半途中的原因(戴蒙、勒纳 2015:584):中小学生以及许多成人读者,较普遍地存在阅读策略的"产生式缺陷"。虽然在以往的阅读中他们可能经验地"知道"一些有效策略,但是,他们"不知道"在某个情境中应该运用哪个策略,"不知道"在这个特定情境中可以运用已掌握的某个或某些策略,"不明白"在这个特定情境中如何运用已掌握的策略,"不能"自主地运用策略或只是习惯性地运用自以为是的策略。比如,一些阅读困难的学生往往"不知道"——出色的读者通常反复阅读某部分以便更好地去理解文章;有阅读障碍的学生通常"不知道"——其实,优秀的读者会根据文章目的而改变阅读速度。

"与有经验的成年读者使用的阅读策略及阅读过程相比,儿童读者在总体上都存在产生式缺陷"(戴蒙、勒纳 2015:603)。所以,在中小学需要特意来教学阅读策略和阅读理解策略,尽管也有一些从萌芽级就具备较好条件的"天才儿童"很可能已经在自己的阅读实践中自发地运用了各种策略(戴蒙、勒纳 2015：607)。

四、结合自己的教学课例进行反思

我们仍以一年级下册《一分钟》这篇课文为例。专业网站上有一个作为榜样的教学设计(见表2)。

表2 《一分钟》教学设计案例

教学目标
1. 认识9个生字。会写8个字。 2. 正确、流利、有感情地朗读课文。 3. 知道时间的宝贵，懂得严格要求自己，珍惜时间。
教学过程
识字写字： 1. 让学生在课文中画出带生字的词语，自主认读、识记。给生字正音，注意读准翘舌音"钟、迟"，后鼻音"零"，鼻音"闹"。"欠"在"哈欠"一词中读轻声。 2. 引导学生运用学过的方法自主识字，如：(1)熟字加偏旁识字：钟、零、闹、哈、迟、叹、悔。(2)熟字换偏旁识字：快—决、海—悔。(3)运用汉字构字规律识字：哈、叹、钟、迟、悔。 3. 可用下面的方法巩固识字。(略) 4. 指导写字可分两步进行。如，"包"字里边是"巳"；"钟"……；"迟"……。如，"包"……；"叹"和"哈"……；"闹"……。 **朗读感悟：** 1. 创设情境导入新课，初步感知"一分钟"究竟有多长。 2. 教师范读，学生整体感知课文，想一想：听了老师读课文，你知道了什么？(学生自由谈)

续表

教学过程
3. 自由朗读，讨论：元元两次叹气说"要是早一分钟就好了"的时候，他会想些什么？先让学生自己读书感悟，体会元元当时着急的心情；再小组讨论，谈谈自己的想法，揣摩元元的心理；然后派代表到全班交流；最后通过朗读表达元元当时的心情，注意读出叹息、自责的语气。 4. 讨论：你觉得这一分钟重要吗？为什么？ 当同学们看见元元"红着脸，低着头"走进教室时，一定会受到强烈的感染——就这一分钟，使他迟到了整整二十分钟；就这一分钟，耽误了学习，使他感到愧疚和后悔。再通过小组讨论，让大家领悟到每一分、每一秒的重要。 5. 有感情地朗读课文。学生一边读一边体会元元的心情。 **实践活动：** 1. 课后练习"找找说说"（组字练习）。用偏旁"门、口、钅、辶"和"尺、欠、合、中、市、又、井"等字可以组成"闹、哈、吹、钟、迟、进"等字。如果学生用"门"和"口"组成"问"，也应给予肯定。 2. 组织学生从活动中体会"一分钟"的价值。(1)通过查找资料说明，人们一分钟能做多少事（如，工人、农民、解放军）。(2)以"我一分钟能做什么"为主题，交流自己的切身感受，体会时间的宝贵。

上述教学设计及其教学，"写字"看来比较容易落实，但最好都放在最后一个环节，否则老师的教（在第一环节）与学生的练（在第三环节），隔得太远了。

识字和阅读理解方面显然有较大的问题：识字只管识字，从课文中拎出几个字来，与课文阅读理解不发生关系；阅读理解（朗读感悟）基本上脱离字词。结果是"识字"目标和课文理解都比较虚浮。教学目标中的"正确、流利、有感情地朗读课文"，简单地搬移课程目标，在课文教学中没有具体的教学点，换言之，跟识字认词(字音)的联系不强。朗读感悟脱离字词,导致老师对这篇课文的阅读理解出现严重偏差。第三环节的实践活动,与阅读理解脱节,且偏离了这篇课文的主旨——这篇故事讲的是"守时的重要性"而不是"每一分、每一秒的重要"。

关于这个教学设计,笔者曾有过一个改造的建议(王荣生2021:202—208)。这里从阅读理解策略的角度来谈。原则还是一样的,那就是"学文识字"——在学文中识字,将识字带回到课文理解。

先说在学文中识字。本篇课文要求的识记生字有"钟、丁、元、迟、洗、背、刚、共、汽、决、定、已、经"等,识字是识音形义,音和形要归结到字义的理解。教材要求的识记生字,意思是所识记的这些字能够迁移,它们出现在别的阅读材料中,小学生也能按其所学的字义去理解。当然,教材要求这13个字,不等于说学习这篇课文只掌握这13个字,在课文教学中识字多多益善。

一般来说,读音的问题应该在读课文之前教,这个设计中第一个步骤"给生字正音"是对的,但漏了一个字"背",在这篇课文中读第一声。如果考虑到课文理解,"叹""定"读第四声,在阅读之前过一下就更好。字形的问题,有的要在课文理解过程中带出来,有的易错认(与写字相联系),应该放在最后的练习环节,例如"已"字。

字义的问题,主要放在课文阅读理解过程中,例如"迟",这个字的字形所传递的字义正好跟这篇课文内容相配,要拆解一下;"再睡一分钟吧"那个"再"字,以及在这篇课文中的四处"就"字,字义都不一样,一处是"就睡一分钟",一处是"就背着书包上学去了",另两处是连续出现两次的"要是……就……",这些字是要关注的。在课文语境里,识字识词要连在一块,识词的要点在词义,"眼看"这个词的意思,与"眼看"相对应的"刚想"的意思,这些都要在学生读课文的时候带出来,准确理解词义。

这是第一轮教学,在学文中识字识词,学生要读好几遍,读懂这篇课文的字面意思。识字识词教学,准确地把握字词的语义非常重要。如果这个方面没有把握住,学生就不能达到流利阅读,提高阅读理解能力就没有可能。

再说将识字带回到课文理解。在学生能读正确、能基本流利朗读的基础上,第二轮教学的重心要移到阅读理解,也就是与文体相应的阅读方法和推论等阅读理解策略。阅读方法这里主要是两条:按照虚构故事的模式来阅读理解;用讲述的语气语调朗读故事。阅读理解策略这里也主要有两条:联系课文上下文语境理解(学习)课文中的一些重要字词的意思,也就是推论;阅读(朗读)故事时,结合自己的经验在头脑中展现具体形象。

要把学生阅读理解的过程拉长,课文的几处要反复让学生朗读:一是"心想"这一句,一是两处"叹了口气",一是"他等啊等"这一句。重点放在语句理解时的想象画面,且与课文中的一些关键字词的学习相联系。比如,"元元打了个哈欠,翻了个身,心想:再睡一分钟吧,就睡一分钟,不会迟到的","心想"后面,从三个角度反复说服自己的模样。再如,"他等啊等,一直不见公共汽车的影子,元元决定走到学校去","一直不见公共汽车的影子"的模样,"决定"的模样,等等。最后一句"非常后悔"很重要,元元不是现在才后悔,他一路都在后悔,两次"叹了口气"是后悔,"要是早一分钟就好了"是后悔,进教室"红着脸,低着头"是后悔,积累到最后就"非常后悔"。"悔"字的竖心旁在这里讲,学生应该会记忆深刻的。

"联系课文上下文语境理解(学习)课文中的一些重要字词的

意思"，"阅读（朗读）故事时，结合自己的经验在头脑中展现具体形象"，这两条其实是相互交织的，学生结合语境、通过画面展现来理解课文中字词的字形、字义和词义。

专门的阅读理解策略教学，以往一般是放在三年级之后的（王晓平2009：65）。但近年的趋势是往前挪了，从学文识字一开始，就要有意识地介入阅读理解策略。比如，英国2013年颁布的英语国家课程框架，要求一年级学生通过归纳、自检、讨论、推断、预测等阅读策略来提升自己的阅读理解力，在二年级则又加入了自我提问阅读策略，三、四年级要求学生区分文章的主要观点，知道形式与意义之间的关联。随着年级的增加，策略应用的数量和要求也逐渐增加（郑钢2021：15）。

笔者赞同国外阅读专家们的意见："我们应当从孩子开始学习阅读的阶段就以某种形式教给孩子处理整本书或整个语篇的方法，而且越早越好"，"意思的理解必须与字词的解释同时进行"（博比·尼特2004：27—29）。

大致的情况应该是小学低段以流利阅读（包括流利朗读和连贯默读）为主，识字识词，对字义词义准确理解，读懂字面意思，并有意识地介入阅读方法和阅读理解策略。小学中段流利阅读和阅读理解，分量大致各半。小学高段的重心应该偏向于阅读方法和阅读策略。这也适用于课文教学和整本书阅读指导，大致而言，小学的课文教学从偏重于流利阅读逐渐过渡到阅读理解，整本书阅读则应重在阅读理解的方法和策略。

其实这也不是什么新主张。如果细看上面那个《一分钟》教学设计，阅读理解策略其实语文教师是一直在"教"的。比如：**体会**元元当时着急的心情，**揣摩**元元的心理，通过朗读**表达**元元当时的心情，学生一边读一边**体会**元元的心情。所谓"体会""揣摩"

云云，其实就是推断，以及图像化。

　　老师们可以检点检点自己的教案，回想回想自己的教学情形，如果也像这个教学设计一样，其实是一直在"教"诸如预测、联结、提问、推断、图像化、确定重点等，那倒要好好反思反思了：为什么还以为阅读策略是个新东西呢？为什么还以为之前自己好像从来没教过呢？如果自己实际上一直在"教"，学生学会了吗？

　　笔者对"教"字打了个引号，意思是怀疑。什么是"教"呢？"教"与"学"是什么关系呢？如果我们采用塞缪尔、艾伦所建议的那个办法——只需一手捂着嘴，一手指着所言说的那样东西，指指看：什么是"教"，什么是"学"。我们教案里几乎每一页都会出现的"体会""揣摩""领悟""感受""感悟""探究"云云，指的是什么呢？

参考文献

阿德丽安·吉尔　（2017a）《阅读力：知识读物的阅读策略》，王威译，接力出版社，南宁。

阿德丽安·吉尔　（2017b）《阅读力：文学作品的阅读策略》，岳坤译，接力出版社，南宁。

博比·尼特　（2004）《阅读——阅读技巧指南》，贺微等译，重庆出版社，重庆。

陈嘉映　（2014）《说理》，华夏出版社，北京。

D. W. 卡罗尔　（2007）《语言心理学》（第四版），缪小春等译，华东师范大学出版社，上海。

戴蒙、勒纳主编　（2015）《儿童心理学手册》（第六版）第二卷下，林崇德、李其维、董奇译，华东师范大学出版社，上海。

国际学生评估项目中国上海项目组　（2013）《质量与公平：上海2009年国际学生评估项目（PISA）研究报告》，上海教育出版社，上海。

玛丽安娜·沃尔夫　（2012）《普鲁斯特与乌贼：阅读如何改变我们的思

维》，王惟芬、杨仕音译，中国人民大学出版社，北京。

莫雷、冷英、王瑞明（2009）《文本阅读信息加工过程研究——我国文本阅读双加工理论与实验》，广东高等教育出版社，广州。

塞缪尔·早川、艾伦·早川（2015）《语言学的邀请》，柳之元译，北京大学出版社，北京。

斯蒂芬妮·哈维、安妮·古德维斯（2021）《上好一堂阅读课》（第3版），刘成盼译，北京科学技术出版社，北京。

苏珊·齐默尔曼、克莉丝·哈钦斯（2020）《阅读的7项核心技能》，李艳会译，北京科学技术出版社，北京。

王荣生（2021）《听王荣生教授评课》（2021年版），中国轻工业出版社，北京。

王晓平（2009）《小学阅读理解策略教学研究》，黑龙江大学出版社，哈尔滨。

谢锡金、林伟业、林裕康、罗嘉怡（2005）《儿童阅读能力进展——香港与国际比较》，香港大学出版社，香港。

《心理学百科全书》编辑委员会编（1995）《心理学百科全书》，浙江教育出版社，杭州。

珍妮佛·塞拉瓦洛（2018）《美国学生阅读技能训练》，刘静、高静娴译，北京科学技术出版社，北京。

郑钢（2021）《英语阅读理解的八个核心策略：设计和工具》，华东师范大学出版社，上海。

Reading Comprehension and Reading Strategy: The Four Steps in Learning and Comprehending

Wang Rongsheng

Abstract: The knowledge about reading comprehension and reading strategy of Chinese education researchers and Chinese teachers in China relies on relevant translated works. Both Chinese education researchers and Chinese teachers in schools are all "novices" at present, because all of them are at the elementary stage of learning and comprehension. The following four steps are suggested to use concerning learning and comprehending the knowledge of reading comprehension and reading strategy: (1) to understand the knowledge according to the original meanings of the translated works; (2) to confront the situations themselves, and to experience and observe one's own reading comprehension processes; (3) to understand and grasp the knowledge based on the theories and principles; (4) to reflect on one's own teaching cases and thus improve teaching.

Keywords: reading comprehension, reading strategy, knowledge, learning, four steps

(200234 上海，上海师范大学教育学院　rongshe4279@sina.com)

"阅读策略"单元进教材始末

受访人：陈先云

采访人：《北大语文论丛》编辑部李二民、汪锋

受访人简介：陈先云，人民教育出版社课程教材研究所研究员，中国教育学会小学语文教学专业委员会理事长，统编小学语文教材执行主编，《小学语文》杂志主编。

《北大语文论丛》："阅读策略"单元是统编教材的一个创新，能否请陈老师回顾一下当时是如何考虑的？

陈先云："阅读策略"这个词大家并不陌生。以前的教材中也有相关内容，如概括、复述、图像化等都是阅读策略，只不过是分散在教材当中，没有以单元的形式呈现。

不过，在现实中，不少人往往把阅读方法与阅读策略混用，其实两者间是有差异的。阅读策略是读者为了获得对文本的理解，利用已有的知识、经验背景而进行的主动建构的过程；阅读方法是独立的，要想掌握阅读方法，就需要大量的重复性练习，直到完全掌握这门技能。

阅读方法重在运用，而阅读策略介于方法与理论之间，表现为读者在阅读过程中的主动参与、体验、思考与练习。阅读策略建立在阅读方法之上,不是方法的简单累加,而是根据任务要求、文本特征、先前知识等因素,综合运用多种阅读方法。可以说,阅读方法是组成阅读策略的基础。

简单地说,阅读策略需要学生主动参与,需要学生以原有的认知作为基础,不断地体验、摸索、练习,成为积极的阅读者。

把阅读策略作为教材单元的组织形式,统编教材确实是第一次。之所以这样做,主要是基于以下几种考虑。

首先,是语文教育的现实需要。教材建设是国家事权。教材的编写是一个系统工程。语文教材的编写要寻求国家意志、学科规律和儿童发展之间的平衡点,寻求语言文字、价值与教学取向之间的结合点和着力点,实现三者的统一。就这一点而言,这一套教材完成得还是比较好的。

从儿童的发展来看,要成为积极主动的阅读者,即读完以后他能有自己的思考,能主动地参与、构建,这是非常重要的。语文学习离不开阅读,语文教学就应该为学生获得必要的阅读策略创造条件,培养学生运用阅读策略的意识和基本能力,促使其成为积极的阅读者。这也是培养良好阅读品质的需要。要注意到,这个问题不是某个专家就能解决的,教材、教参也不可能完全解决。在讨论的过程中,我们也吸纳了北师大伍新春教授的建议,以及国外的一些经验。

其次,是落实语文课程标准理念、目标的需要。《义务教育语文课程标准(2011年版)》(下称《课程标准》)"总体目标与内容"中要求:"具有独立阅读的能力,学会运用多种阅读方法。"多种方法的综合运用,其实就是阅读策略(这一点在后边再具体展开)。

最后,是突破教材体系结构,改变教语文就是教课文的一次尝试。一百多年来,我们用的都是文选式教材,这也导致很多老师认为教语文就是教课文，课文教完了一学期差不多就结束了。为改变教师的教学方式和学生的学习方式，2012年开始编写统编教材时，我们提出将教材分为阅读和表达两个系列的思路，同时引入了"阅读策略"单元，试图通过教材体例的改变，来实现教语文不只是教课文。还有一点，引入阅读策略单元，可以让选文更灵活。统编教材以双线组织单元内容，但由于主题以及每个单元的课文数量所限，往往会出现经典课文落选的问题。比如编人教版新课标教材时，由于受人文主题所限，巴金的《鸟的天堂》无法收进来。阅读策略单元材料选取具有灵活性的特点，可以选编不同题材与文体的文章，弥补现有课文的题材与文体的不足。如"提问"策略单元，可以选童话，也可以选科普类文章，可以选写景散文，还可以选非连续性文本——非连续性文本在教材中其实是很难处理的，但这类文本又是工作和生活中最常见的。有了阅读策略单元，这个问题就好办了，非连续性文本就可以选进来，把生活和语文自然联结起来。

《北大语文论丛》：小学阶段编排了预测、提问、提高阅读速度和有目的地阅读四个阅读策略单元，这主要是从什么角度来考虑的？为什么是这四种？这些策略之间是什么关系？

陈先云：当初我们其实是设计了八个阅读策略单元，后来考虑到一线老师的接受问题，最后选择了现在这四个。

《课程标准》的"课程目标"中关于阅读的描述，第一学段是：感受阅读的乐趣；能就感兴趣的内容提出问题。第二学段是：能提出学习和生活中的问题；尝试运用语文知识和能力解决简单问题。第三学段则提到了阅读速度的问题："默读有一定的速度，默读一般读物每分钟不少于300字。"其目的是"学习浏览，扩大知识面，根据需要搜集信息"。

编写教材时，正好《中国学生发展核心素养》（下称《核心素养》）在征求意见，《核心素养》在"科学精神"之"批判质疑"条提到：具有问题意识，能独立思考、独立判断；在"学会学习"之"勤于反思"条提到：能够根据不同情境和自身实际，选择或调整学习策略和方法等；在"实践创新"之"问题解决"条提到：善于发现和提出问题，有解决问题的兴趣和热情。

根据《课程标准》和《核心素养》的要求，我们提炼出以下几个关键词：阅读乐趣、有问题意识和解决问题、阅读速度、根据需要（阅读目的），对应的阅读策略就是：预测、提问、一定的阅读速度和有目的地阅读，这也就是现在收入教材当中的四个阅读策略。最初讨论编排阅读策略单元，除了这四种策略，还有概括、复述、图像化、联结等策略，想从三年级上册开始，每学期编排一个阅读策略单元。

在语文学习中，概括是一种非常重要的能力，但在现实教学当中的实效性比较差。大概是1996年，儿童基金会做了一个调研，二十多个省市的二十多万四年级和六年级学生参加了抽测，学生们的基础知识掌握得还是不错的，但分析概括方面表现很差。一些简单短文的主要意思，孩子们都概括不出来。这跟语文教学实践中对这方面重视不够有关，教学流于形式，训练不够，学生不可能掌握。我们想从教材编写这一层面出发来改变这一点。

概括等阅读策略之所以没在统编教材中作为"单元"体现出来，主要考虑到教师不能理解、接受，不能在教学中有效实施。此外，开始编写教材时，按照阅读策略的特点、目标要求安排相关内容和栏目，没有设置语文园地；一套新编教材体例变动太大，教师在理念上跟不上，接受不了，有可能适得其反。在广泛征求意见、试教试用基础上，阅读策略单元在体例上与其他阅读单元基本一致，阅读策略单元教学的底线是能按照普通单元的要求来教。

没有作为策略单元编排的"复述""概括""图像化"等怎么处理？把这些策略分布在不同的年级、各个单元中学习和使用。比如复述，二年级是借助图片等讲故事，三年级是详细复述，四年级是简要复述，五年级则是创造性地复述。而复述与概括、口语表达与书面表达又相互联系，不断提升，体现语文能力培养的层次性与发展性。这套统编教材在编写时充分考虑了内容的系统性、目标的层次性和发展性，以及各年段、各册、各单元之间和单元内部各项内容之间的关联性（即从横向、纵向来考虑、系统设计教材各项内容）。四个阅读策略之间就具有明确的关联性。比如，六年级的"有目的地阅读"（两点基本要求：阅读方式上要求浏览或跳读，阅读成果上能找到自己需要的信息）要建立在五年级的"阅读要有一定的速度"的基础上，并且要求阅读时能够抓住课文中的主要信息，学生应该具备这样的阅读策略和能力。

四种阅读策略与其他普通单元也有一定的关联性。比如，二年级上册开始学习默读：不发声、不指读、不动嘴唇，也是为提高阅读的速度做好铺垫，打好基础。四年级上册阅读策略"提问"，要求阅读时尝试从不同角度去思考，提出自己的问题，学生初步习得阅读策略后，要重视在之后的语文学习中加以运用。四年级下册要求"阅读时能提出不懂的问题，并试着解决"。五年级上册提出"根据要求梳理信息，把握内容要点"，既是不断提升把握文章主要内容的能力，也是为六年级"有目的地阅读"做好铺垫。

《北大语文论丛》：阅读策略单元是从三年级开始设置的，这样设计的意图是什么？在设计阅读策略单元的导读、选文、练习、旁批、语文园地等元素时有哪些考虑？

陈先云："预测"就是为了解决阅读兴趣的问题，所以原本想编在二年级，因为孩子越小想象力越丰富。但考虑到识字等任务较多，于是放在了三年级。其实，放在三年级有点滞后了。为此，在二年级的课后思考里边埋了伏线、做了铺垫。如二年级上册《雪孩子》文后"泡泡语"中的问题"看着雪孩子变成了白云，小白兔心里会想些什么呢"，二年级下册《蜘蛛开店》的课后练习题"接下来会发生什么事？展开想象，续编故事"，《祖先的摇篮》的课后练习题"想象一下，在祖先的摇篮里，人们还会做什么"等内容，就是引导学生尝试运用预测策略，为三年级上册编排的预测阅读策略的学习做了一些铺垫工作。

在编排类型上，阅读策略单元属于阅读单元，结构体例基本相似：有精读、略读、识字写字、课后思考练习题、习作、语文园地。与普通阅读单元有所不同的是，3—4篇课文联系紧密，作为一个整体呈现，突出训练目标的递进性与发展性。

前1—2篇课文进行策略的示范与指导，导语和课后思考练习题紧密围绕本单元的阅读策略展开；采用旁批、泡泡语的形式，给学生阅读提供辅助，帮助他们了解、梳理、掌握阅读策略，在课后思考练习题中进行落实；最后1—2篇具有实践性质，总结、综合运用本单元学到的阅读策略。比如，三年级上册的"预测"单元，引导学生尝试一边阅读一边预测，主动监控自己的阅读过程。教材未呈现完整的文本，是为了带给学生更真实的阅读体验。

如"练习预测（练习题）"：

《胡萝卜先生的长胡子》"导语"中说"读下面的故事，一边读一边想：接下来可能会发生什么事情"。设计意图：先让学生在阅读过程中预测故事发展的情节和结尾。

课后思考练习题一"故事还没有结束，你认为后来可能会发生什么事情？你为什么这样想？听老师把故事讲完，看看自己的预测和故事有哪些相同和不同"。设计意图：比较自己的预测与故事内容的异同，使学生在交流讨论中明白，不管预测的结果如何，都要有依据；同时还要明白，当预测与实际不一致时，要调整思路，及时修正，并继续预测。

课后思考练习题二"读读下面这些文章或书的题目，猜猜里面可能写了些什么"。设计意图：读标题猜内容。学生根据不同的标题猜测文章可能写了些什么，并说出自己的依据。让学生练习预测的方法，促进预测策略的掌握，并在交流中体会到预测不是瞎想，而是有依据地进行猜测。

预测策略的使用，使学生充分调动已有知识，发挥想象，对文本产生极大的阅读期待，激发浓厚的阅读兴趣。学生的阅读兴趣越强烈，教学效果就越好，可以让学生更快地进入文本，投入到自主阅读中，促进对文本的深入理解。预测的思维过程是激活原有的认知，预测阅读中的材料，证实或推翻猜测。常用的问题有：这个故事的题目是什么？看看封面上的图画，你认为这是个关于什么的故事？在下面的故事里，你认为会发生什么事情？你认为主人公会怎么做？

六年级上册第三单元语文园地"交流平台"有目的地阅读相关建议："我知道了要根据目的选择合适的材料。"设计意图：阅读目的决定了读什么。读书时先想想阅读的目的，再有针对性地选择合适的阅读方法。同一篇文章，阅读的目的不同，关注的内容、采用的阅读方法等会有所不同。

"读文章时，与阅读目的关联性不强的内容，不需要逐字逐句地读，这样可以提高阅读速度。"设计意图：阅读过程中，需要适时调整阅读的策略。与问题相关的内容仔细读，必要时多读几遍，有的段落或句子与想要了解的问题关系不大，就不需要细读。

教材这样设计，体现单元设计的整体性，突出教学目标的层次性、发展性。"教学目标环环相扣"，不只是阅读策略单元，还是统编教材的一个重要特点。

《北大语文论丛》：安排小学阅读策略后，有没有设想初中如何与之衔接？

陈先云：学生进入初中后学习坡度大、一时无法适应的现象一直存在，这有教学方式方法差异方面的原因，也有初中语文教材的选篇比小学长得多、难得多的因素。小学教材的选文，多是几百字的文章，2000多字的选文很少见，但2000字的文章在初中语文教材中就很常见，有些篇幅比这还长很多，比如统编语文教材七年级下册第六单元编排的三篇现代文，《伟大的悲剧》《太空一日》每篇都有4500字左右，《带上她的眼睛》有3600多字，篇幅上远远超出了小学教材选文的字数。这就让一些学生一时难以适应。

统编小学语文、初中语文教材都是由温儒敏教授担任总主编，所以，整体化设计的意识比过去增强了。为更好地完成小初衔接，小学语文教材选取少量的长课文、难课文，这样可以为小学生适应初中阶段语文学习做好铺垫。长课文对学生阅读能力的发展也有着其他课文所不具有的独特价值，如培养学生的概括能力、浏览能力、寻找关键信息能力、快速阅读能力等。

在阅读策略的安排上，也有衔接。比如，七年级上册明确提出运用跳读的阅读方法，要求"跳过与阅读目的无关或自己不感兴趣的内容，也可以跳过某些不甚精彩的章节……忽略那些无关紧要或并不精彩的内容，从而提高阅读的效率"。小学六年级上册专门编排了"有目的地阅读"阅读策略单元，培养学生根据阅读目的，运用跳读、浏览等阅读方法，获取有效信息的能力。这就为学生进入初中运用"跳读"顺利完成学习任务打下了基础。

《北大语文论丛》：就您了解，在统编教材增加阅读策略之后，一线的阅读教学有哪些变化？是否达到了预期的效果？

陈先云：老师们对这套教材的认可度还是比较高的。教师的教学方式与学习方式正在转变。学生参与学习过程的主动性增强了，课堂上不仅动脑在想，还在动手练写，如记录自己的思考，提出自己的疑问。书面表达能力有了提升，普遍喜欢写作文，多数五年级学生写出五六百字是不成问题的。

大多数老师也有一个印象，认为统编教材好教。这是因为，统编教材依托语文要素，全面有序地对每个年级、学期、单元以及栏目的学习目标、学习内容、学习方法做了具体的规划和安排，把叶圣陶提出的"读作能力之纲目与次第"明晰化、具体化。

很多老师也说教好不容易。这是因为教师真正领会教材编排意图，融汇到教学实践中发挥出阅读策略的效率，还需要一个过程。理想的办法是把一至六年级完整地教下来，这样对于老师们全面了解教材的编排意图、目标要求，把握好各项内容之间的关联，会很有帮助。还需要教师做教学的有心人，不断提升语文素养。

《北大语文论丛》：从教材编者的角度出发，希望老师们在教授阅读策略单元时主要注意什么？应该怎样运用教材提示？要注意避免哪些误区？

陈先云：首先要树立整体教学观。阅读策略单元的主要内容都是围绕学习并运用策略的一些基本方法来编排的，单元各项内容之间相互关联，成为有机的整体。教学时要从整体入手，了解内容之间的关联是什么，整体把握好本单元的各项内容。

利用学生已有经验和相关知识，在运用过程中不断地假设、验证，进一步理解文本内容，也应该作为一条主线，为其安排相关内容。也就是说，教材中阅读策略的学习要以理解文本内容为前提。不仅仅要引导学生理解课文内容，还要引导学生关注理解课文内容的思考过程（想一想自己是怎么理解的，学习自我监控正在理解课文内容的思维操作过程）。

教材的每条主线相关内容之间有着关联性，教学时要正确理解、把握教材这样编排的意图，注意将每条线索作为一个整体对待，树立整体教学观。

注意教学目标层层递进。阅读策略单元的教学与普通阅读单元不同。广义来说，普通阅读单元中的课文教学没有十分严格的先后顺序，而阅读策略单元中的前一篇课文，是学习后一篇课文的前提与基础。也就是说，学好了前一篇课文才能继续后一篇课文的学习。从单元的编排来看，体现出"学习策略→尝试练习运用策略→练习运用策略→独立练习运用策略"渐进发展的过程，教学目标体现出层层递进的特点。

教材这种编排表明，精读课文"学习策略"十分重要，学生在精读课文中对策略基本方法的了解与掌握情况，直接影响到略读课文的学习。只有充分发挥精读课文的示范与指导作用，才能实现略读课文的策略实践——"尝试练习运用策略"和"独立练习运用策略"的教学目标。这就要求教学精读课文时对策略的基本方法多做一些解释、示范与指导，可以将阅读策略教给学生，在指导上多用讲解法，发挥直接教学的作用。

加强阅读策略的迁移运用。运用阅读策略，可以充分调动学生已有知识、经验，让学生更快地进入文本，投入到自主阅读中，促进对文本内容的深入理解。不仅要引导学生理解课文的内容，还要引导学生关注理解课文内容的思考过程，并将获得策略的一些基本方法，迁移运用到不同的情景（如口语交际）或文本中去，知道什么时候、怎么运用策略效果更好。

阅读策略单元引导学生掌握阅读策略，使他们成为积极的阅读者。但不能期望学生通过这一个单元的学习就能完全掌握相应的阅读策略，而是通过策略单元的学习，培养学生运用策略的意识和基本能力。在之后的语文学习中，学生要不断地进行迁移运用，才能形成熟练运用阅读策略的能力。

教材第一次以学习阅读策略为主要目标组织单元内容，对师生来说都较为陌生。没有先例可循，教师缺少可以借鉴使用的教学方法，学生也没有专门以阅读策略为主要学习目标的经历，这给教师教学阅读策略单元带来一定挑战。教师在教学实践中需要加强研究，总结出一些切实可行、有效的教学方法。

《北大语文论丛》：有一个具体的问题要请教陈老师。《竹节人》一文有三个任务。阅读任务一：写玩具制作指南，并教别人玩这种玩具。阅读任务二：体会传统玩具给人们带来的乐趣。阅读任务三：讲一个有关老师的故事。有的老师是将全班分成不同的小组来完成不同的任务并展示，有的老师认为每组都得完成三个任务才能真正领会"有目的地阅读"这一策略。陈老师怎么看待这一分歧？

陈先云：不同的老师有不同的经验，会采用不同的做法。从教材编写的角度讲，所有的阅读策略都是为了提升学生的阅读素养，以促进理解课文内容为目的，不然语文就踏空了。

具体到《竹节人》这一课，教材设计的三个任务不是孤立的，而是互相促进的。这三个任务可以有不同的处理办法，将学生分成不同的小组来完成不同的任务，与所有学生都完成三个任务，其实不矛盾。我个人建议可以考虑分为两个主要环节来实施：第一个环节，让学生根据自己的兴趣，自由分成不同小组完成不同的任务；第二个环节，小组展示交流，不同的小组可以互相提问——感兴趣的提问，不懂的也可以提问，这个过程中还可以运用提问的策略。在交流的过程中也可以重新选择任务再分组，这样学生的主动性就被调动起来了，可以达到对文本内容的深度理解。

《北大语文论丛》：还有一个比较具体的问题。预测单元有个矛盾，就是如果要求学生预习，那就没有办法进行预测了，学生都提前读过。但如果不预习，生字词语要在文章中运用和学习。这种矛盾应该怎样处理？

陈先云：从教材编排来看，这个问题主要存在于单元第一篇课文《总也倒不了的老屋》，提出这样的疑问是正常的。在编写这个单元时，编写组也有人提出同样的疑问，认为学生拿到教材时，多数情况下在老师没有教学这篇课文时，可能已经读了，对故事的结局已有初步了解，可能会影响到预测阅读策略的掌握和教学目标的实现。

运用预测学习这篇课文，关键不是知道这个故事讲了什么内容，而是把这个故事作为一个载体，借助《总也倒不了的老屋》的旁批、思考练习题的设计形式与学习目标，认识、了解、学习预测这种阅读策略。阅读策略的学习，应该让学生在主动参与过程中，体验、感受、思考、判断，逐步掌握阅读策略。学生通过文本不仅学到一种阅读策略，还增长了阅读能力，养成了良好的阅读习惯，收获了新的阅读体验。所以不必去纠结学生是否读过课文，老师的主要任务是如何利用好这个载体，把阅读的策略融汇到对内容理解的过程中。目前教学实践中也积累了一些好的经验，比如在上课前做一个小调查，了解全班学生开学拿到语文课本的阅读情况，特别是学生对这个单元故事内容了解多少。比如，课文有小猫、母鸡来过了,那就猜猜书上没写到的小动物来了后老屋会怎么说。可以按照这样的方式猜猜老屋给蜘蛛讲了什么故事,蜘蛛的结局该是怎样的。可以利用学生不熟悉的文章或故事书进行预测策略的示范与指导,并引导他们不断运用于阅读实践。

阅读策略的教学不是贴标签,应该让学生根据任务要求、文本特征、已有知识经验等,在阅读过程中主动参与、体验、练习与思考。这样的学习过程,一定比学生自己阅读课文的过程更充实,更精彩,更有思维价值。

策略教学与课外整本书阅读相结合

谷屹欣

本案例节选自笔者2018—2019年在香港中文大学教育学院刘洁玲教授的指导下开展的融合式阅读教学实验研究[①]。该案例将想象、提问、联系、概括策略与文学圈讨论相融合,以小说《草房子》《鲁滨逊漂流记》两本小说为例,利用校本阅读课程的时间,对北京市某小学六年级学生开展了为期12周的教学,取得了较为显著的效果[②]。其中,《草房子》教学周期为五周,每周内容分别为想象策略、提问策略、联系策略、概括策略,以及综合运用四种策略。每周课程共80分钟(两节连堂,为该校每周三下午校本课程课外大阅读时间)。第一节40分钟教师采用明示教学法进行策略教学,教师(研究者)先借用一个文本选段使用出声思维法向学生详细示范如何一边阅读,一边进行不同层次的提问,接着学生进

[①] 完整教学大纲及教案见谷屹欣博士论文"Gu, Y. X. (2019) The effects of integrated instruction on Chinese sixth graders' reading comprehension, reading motivation and strategy use in fiction reading. Abstract available in ProQuest Dissertations & Theses Global database (UMI No. 27662468)"附录中。

[②] 实验设计及结果发表于学术论文"Gu, Y. X. & Lau, K. L. (2021) Examining the effects of integrated instruction on Chinese sixth-graders' reading comprehension, motivation, and strategy use in reading fiction books. *Reading and Writing* 34(10): 2581-2602 DOI 10.1007/s11145-021-10161-6"中。

行练习。第二节 40 分钟学生在文学圈[①]中扮演与策略使用相关的角色，完成角色任务单（使用相应策略阅读选段），讨论阅读内容（对情节、人物的理解），并完成小组总结清单。以下是《草房子》阅读的教学计划和第一课教案。

一、教学计划（见表 1）

表 1 《草房子》阅读教学计划表

时间	章节内容	策略教学	文学圈
第一周	秃鹤、纸月	1. 想象策略（visualizing）知识点及教师示范。 2. 学生练习片段。	1. 学生独立完成想象策略任务单。 2. 小组内分享清单内容，讨论应该何时何地使用想象策略，讨论人物形象，总结。 3. 不同小组间作品和意见交流。 4. 教师点评总结，布置下周阅读任务——白雀（一）（二）。
第二周	白雀（一）、白雀（二）	1. 提问策略（questioning）知识点及教师示范。 2. 学生练习片段。	1. 学生独立完成提问策略任务单。 2. 小组内分享自己提出的问题，讨论应该针对什么内容提问。 3. 不同小组间作品和意见交流。 4. 教师点评总结，布置下周阅读任务——艾地、细马。

---

① 文学圈是一种由学生组成小组，共同阅读自己感兴趣的某本书，定期讨论该阅读书目的教学方式。该教学方式在欧美阅读教学课堂十分常见。在讨论时，小组内的学生可以扮演不同的角色，完成角色任务单，这些角色和角色任务单通常与阅读策略有紧密关系。常见角色有：插画师（想象）、大侦探（提问）、联络家（联系）、总结者（总结）、词汇助手（发现并解决新字词问题）、协调员（小组组长，负责协调）。

续表

时间	章节内容	策略教学	文学圈
第三周	艾地、细马	1. 联系策略（making connections）知识点及教师示范。 2. 学生练习片段。	1. 学生独立完成联系策略任务单。 2. 小组内分享自己联想到的内容和哪些联想对自己理解文本有帮助，比较秦大奶奶和细马的相似之处。 3. 不同小组间作品和意见交流。 4. 教师点评总结，布置下周阅读任务——红门（一）（二）。
第四周	红门（一）、红门（二）	1. 概括策略（summarization）知识点及教师示范。 2. 学生练习片段。	1. 学生独立完成概括策略任务单（思维导图）。 2. 讨论概括策略的难点和可提升之处，以及杜小康的形象。 3. 不同小组间作品和意见交流。 4. 教师点评总结，布置下周阅读任务——药寮，以及回顾笔记。
第五周	药寮	1. 概括策略回顾（概括每个人物）及教师示范。 2. 学生练习概括本章。	1. 学生讨论练习总结：桑桑品质、小说主题。 2. 40分钟完成关于《草房子》的理解测评。

二、《草房子》(第一课)教案示例

(一)课程目标

1. 教学生使用想象策略辅助理解，增进学生对于策略的理解。

2. 帮助学生理解"文学圈"中的"插画师"（illustrator）角色。

3. 阅读《草房子》中"秃鹤""纸月"这两章，理解秃鹤和纸月的形象。

（二）课时安排

1. 时间：第一教学周。

2. 课时：两节连堂（80分钟）。

（三）学生学习目标

1. 了解什么是想象策略。

2. 掌握为什么、什么时候可以用想象策略，以及想象策略的好处。

3. 掌握展开想象的方法（五官齐动、脑中电影）。

4. 熟悉策略展现方式：用自己的语言来细致描述、为文本画插画。

5. 了解文学圈是什么及其大致流程。

（四）主要教学方法

1. 教师讲解策略、文学圈知识点。

2. 教师结合选段使用出声思维法示范何时使用想象策略、如何使用想象策略，以及使用想象策略的益处。

3. 学生练习策略，文学圈讨论。

4. 小组讨论和全班分享。

（五）课前准备

提前一周布置《草房子》第1—2章"秃鹤""纸月"的阅读。

（六）课堂教学流程（见表2）

表2 课堂教学流程表

时间	教学活动	材料、工具等准备
10分钟	教师讲解1：什么是想象策略，有什么好处，什么时候可以运用（理解环境、人物和情节），怎样想象，想象的呈现方式。 教师示范1：通过五官齐动、语言描述，想象一段环境与情节：《草房子》第一章中描写夏天桑桑穿棉袄暴走的样子。一边描述一边将五种感官的想象以不同颜色记录在表格中。	1. 策略知识要点PPT。 2.《草房子》原文片段。 3. 提前录制好的片段示范短视频（如果来得及）。 4. 水彩笔。
5分钟	学生练习想象环境和情节：教师朗读一段包含环境和情节描写的片段——"会操表演"片段，要求学生闭上眼聆听，发挥五官齐动的想象。然后睁开眼，告诉同桌自己刚才看到了什么，运用了哪些感官想象。	同桌配对。
8分钟	教师示范2：通过问题提示和绘画、整合情节关键点示范如何想象人物形象（外貌、衣着、代表动作、神态和内心情感）。（老师想象桑桑，把秃鹤和纸月留到文学圈给同学。）	1.《草房子》原文片段。 2. 白纸。 3. 水彩笔。
17分钟	学生独立练习：教师给学生分发插画师角色任务单，每个学生从1—2章中选择自己最喜欢的场景和人物，画出来，标出画画的文本依据，并利用五官齐动的方法在图片旁边添加适当的描述。（画人物时注意补充对于人物内心情感的想象。）	1. 插画师角色任务单。 2. 人手一本《草房子》。 3. 水彩笔。

续表

时间	教学活动	材料、工具等准备
10分钟	课间休息	
20分钟	小组讨论：小组内每个同学分享自己的任务单内容，结合原文内容说明自己为何这样想象、自己对人物的理解。	5—6人一组。
15分钟	1. 小组总结：(1)对秃鹤及纸月的理解；(2)对想象策略的理解；(3)这节课的收获和问题。教师提前告诉学生会抽2—3个小组上去分享，而剩下的小组要预备做点评。 2. 小组之间分享心得总结：教师点名的小组上讲台分享，随机点名没有上台的小组同学负责点评。	小组总结清单(第一周)。
5分钟	1. 教师点评总结：想象绘画策略的注意事项，再次强调好的想象需要多感官，尊重原文，在原文基础上补充。 2. 教师讲解2：点明完成角色任务单并小组讨论的方式就是文学圈，为什么要开展文学圈，以及后续的角色。 3. 布置下周阅读任务：提前阅读《草房子》中"白雀(一)""白雀(二)"。 4. 收集学生的插画师角色任务单，照相保存，下周再发还给学生。	1. 知识点总结PPT。 2. 文学圈短视频(1分钟以内，如果能找到)。 3. 收小组总结清单、插画师角色任务单。

（七）教学材料附件

1. 教师示范选段，学生听声想象练习片段。

2. 插画师角色任务单：从1—2章中选择自己最喜欢的场景和

人物,画出来,标出画画的文本依据,并利用五官齐动的方法在图片旁边添加适当的描述。第一个是场景和情节;第二个是人物(画人物时注意引导学生对于人物内心情感的想象)。

3. 小组总结清单:时间、地点、小组名字、组员和内容——(1)对秃鹤及纸月的理解;(2)对想象策略的理解;(3)这节课的收获和问题。

(100011　北京,北京联合大学师范学院　sftyixin@buu.edu.cn)

借助任务阅读,学得阅读策略
——六年级上册《竹节人》教学设计与点评

教学设计:肖云霖　教学点评:余　琴

【课文解析】

《竹节人》以回忆性文笔通过对做竹节人、玩竹节人以及老师没收竹节人却自己也偷偷玩竹节人的叙述与描写,表现了童年游戏的乐趣,表达了对童年生活的回忆与眷恋。文章语言生动有趣,特别是通过孩子的眼睛描述了老师也加入斗竹节人这一童年趣事,让人忍俊不禁。

本单元语文要素为"根据阅读目的,选用恰当的阅读方法",旨在引导学生学习并掌握基本的阅读策略,形成自觉运用策略阅读的意识,逐步成为成熟的阅读者。单元导语是著名作家杨绛的一则名言:"读书好比串门儿——隐身的串门儿",含蓄地强调了本单元的语文要素。作为单元第一课,《竹节人》主要是让学生初步感受,不同的阅读目的决定着阅读内容和阅读方法的选择。课文导读提示呈现了三个阅读任务:"写玩具制作指南,并教别人玩这种玩具;体会传统玩具给人们带来的乐趣;讲一个有关老师的故事。"由物到人,见情见趣。第一个任务偏于实用,可以通过浏览、略读等从课文中提取关键信息,梳理语料,介绍说明事物;第二个任务偏重于体验,可以通过朗读、想象、体验,从字里行间体会语言表达的生动、富有情趣,感受竹节人带给大家的快乐;第三个任务偏重叙事,需要把握事情的前因后果和细节去讲故事。

本单元是统编小学语文教材四个阅读策略单元中的最后一个单元,它既是对前三个阅读策略单元的综合运用与提升,又是第四学段"探索个性化阅读方法"的重要基础,起到了承接与拓展的作用。

【学情分析】

六年级的学生已经具备一定的阅读理解能力和语言表达能力,也掌握了一定的阅读方法,但面对不同的阅读任务选用恰当阅读方法的阅读自我监控能力还是欠缺的。对于本课设置的三个不同层次的阅读任务,学生学习的困难在于是否能灵活运用恰当的阅读方法,实现自我监控阅读,提高阅读效率。因此,让学生初步学会"根据阅读目的,选用恰当的阅读方法"是教学的重点也是难点。

【教学目标】

1. 会写"凛""棍"等15个字,会写"威风凛凛""疙瘩"等17个词语。

2. 初步学会根据不同的阅读目的,关注不同的阅读内容,选用恰当的阅读方法。

3. 体会传统玩具给人们带来的乐趣。

【教学重难点】

初步学会"根据阅读目的,选用恰当的阅读方法"。

【教学课时安排】

共两课时。

借助任务阅读，学得阅读策略

第一课时

【课时目标】

1. 借助插图和实物，了解竹节人的样子。把握文章主要内容，根据阅读目的，选择相应的阅读内容。

2. 通过浏览圈画，提取信息，了解竹节人的制作方法、玩法，完成竹节人的制作指南和玩法介绍。

3. 通过阅读实践，初步体验"根据阅读目的，选用恰当的阅读方法"，感受有目的地阅读的特点。

【教学过程】

一、引发阅读期待，了解课文内容

（一）认识竹节人，导入新课

1. 学生聊一聊平时喜欢玩的玩具，简单说一说是怎么玩的。

2. 引出课题：同学们，这节课我们要去认识一种传统玩具——竹节人（学生齐读课题）。

3. 了解竹节人的样子：看一看课文插图，找一找文中描写竹节人的语句。（根据学生交流，出示第3自然段第1—3句、第8自然段，读一读。）

4. 出示竹节人玩具实物：根据找到的语句，试着玩一玩竹节人。

（二）默读课文，整体感知内容

1. 快速默读课文，边读边思考：课文除了写竹节人的样子和玩法，还写了哪些内容？

2. 整理学生交流反馈内容：课文主要写了"我们"做竹节人、玩竹节人（第1—19自然段）和老师没收竹节人、偷玩竹节人（第20—29自然段）。

设计意图：竹节人是地方性传统玩具，学生可能不是很熟悉。立足常态阅读，借助课文插图、文字和实物，让学生对竹节人有大致的了解，引发学生阅读期待。梳理课文内容，为学生在真实的阅读情境中，根据阅读目的，准确地选择相应的阅读内容做好铺垫。

二、根据阅读目的，选择相应的阅读内容

（一）根据任务，关注不同的内容

1. 同一篇文章，阅读的目的不同，关注的内容也会不同。如果要完成以下任务，你会分别阅读哪些内容？

◇ 写玩具制作指南，并教别人玩这种玩具。

◇ 体会传统玩具给人们带来的乐趣。

◇ 讲一个有关老师的故事。

2. 引导交流并小结：要完成这三个任务，分别要阅读第3—19自然段、第1—19自然段、第20—29自然段。

（二）关注篇章页，了解单元学习要求

1. 根据不同阅读目的，关注不同的内容。杨绛先生有个形象的比喻。出示单元篇章页中杨绛的话，学生读一读，说一说对这句话的理解，再齐读"根据阅读目的，选用恰当的阅读方法"。

2. 回顾已学过的阅读方法：浏览、精读、猜读、批注、想象画面等。

设计意图：引导学生明晰三个不同任务需要关注的不同内容，帮助学生快速、精准地取舍阅读材料，聚焦与阅读任务相关的语段，减少阅读干扰。阅读篇章页，明确单元学习任务，回顾相关阅读方法，唤起学生已有阅读经验，为有目的地阅读提供方法支持。

三、尝试根据阅读的任务，选用恰当的阅读方法

（一）自主阅读，完成竹节人制作指南

出示任务一："写玩具制作指南，并教别人玩这种玩具"。

1. 讨论：玩具制作指南一般包含哪些内容？（提示：制作材料、制作步骤、注意事项。）

2. 提出学习要求：

（1）选择合适的方法读相关语段，找一找竹节人是怎么制作的。

（2）完成"竹节人制作指南"学习单（见表1）。

表1 "竹节人制作指南"学习单

制作材料	制作步骤	注意事项
	1. 毛笔锯成寸把长，当作脑袋、身躯。 2.＿＿＿＿＿＿＿ 3.＿＿＿＿＿＿＿ 4.＿＿＿＿＿＿＿	

3. 教师巡视并记录完成"竹节人制作指南"速度比较快的学生。

4. 展示交流，引导学生明确"制作步骤"要抓制作过程中的动作，如"锯""钻""再锯""穿在一起"等词。

5. 学生自主修改"竹节人制作指南"。

（二）呈现学生阅读过程，小结阅读方法

1. 采访完成任务速度快的学生：你是怎么做到又快又准确地完成"竹节人制作指南"的？

引导学生说清楚阅读过程和方法：浏览第1—19自然段，先找到课文中写怎么制作竹节人的第3自然段，然后仔细读第3自然段，采用跳读、圈画的方法，提取有用的信息。

2. 小结阅读方法：带着任务阅读，与阅读目的关联性不强的内容，不需要逐字逐句地读，可以略读或跳过，这样可以提高阅读速度。找到与任务相关的内容仔细读，还要圈画关键信息。

(三)运用方法阅读,完成"竹节人玩法介绍"

引导:要完成"教别人玩这种玩具"这个任务,应该重点关注哪个部分的内容?(重点关注第5—19自然段。)

尝试带着任务阅读:

1. 选择恰当的阅读方法读"我们玩竹节人"部分,想一想竹节人是怎么玩的。

2. 圈画关键词句,填写下面的表格(见表2)。

表2 竹节人玩法介绍

竹节人玩法介绍			
嵌入裂缝			

3. 同桌合作,一人说一人听,看能否把玩法"教"明白。

(四)交流反馈,介绍玩法

1. 引导学生读第8—9自然段,关注语段中表示连续动作的词语,如"一拉紧""一松一紧""放在一起""搏斗"等词语,了解玩竹节人的方法和过程。

2. 奖励学生玩一玩竹节人:谁能上台一边演示一边解说竹节人的玩法?(学生一边展示"教玩法",一边根据讲述操作竹节人。师生点评。)

3. 借助"竹节人制作指南"和"竹节人玩法介绍",小组合作说一说竹节人的制作和玩法,要求四人小组中两人分别讲述做法和玩法,两人评价。

4. 小结:根据阅读任务,我们阅读相关语段,抓住关键信息,整理出了"竹节人制作指南"和"竹节人玩法介绍"。这样有目的地阅读会让阅读更高效。

设计意图：借助"竹节人制作指南"和"竹节人玩法介绍"阅读任务单，引导学生关注关键词句，提取关键信息，尝试自主运用阅读策略完成阅读任务，初步感知"有目的地阅读"。

四、回顾阅读过程，形成阅读经验

（一）回顾总结

刚才同学们是怎么根据阅读任务一的要求，选择阅读内容和阅读方法的？

（二）借助学习伙伴对话微视频，提炼阅读方法

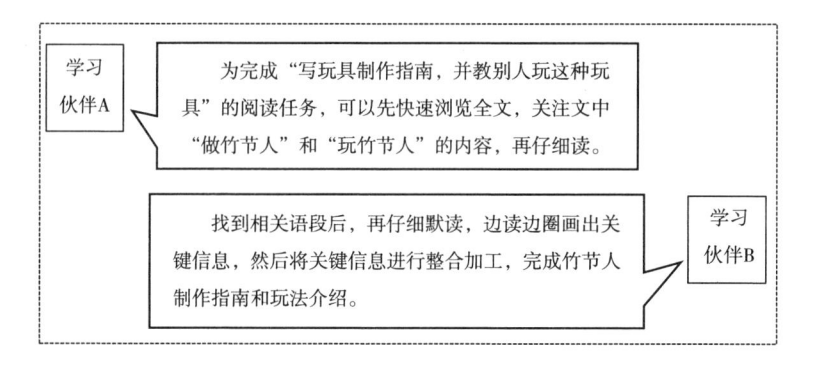

学习伙伴A：为完成"写玩具制作指南，并教别人玩这种玩具"的阅读任务，可以先快速浏览全文，关注文中"做竹节人"和"玩竹节人"的内容，再仔细读。

学习伙伴B：找到相关语段后，再仔细默读，边读边圈画出关键信息，然后将关键信息进行整合加工，完成竹节人制作指南和玩法介绍。

根据学习伙伴的对话，逐步出示下面的示意图（见图1）。

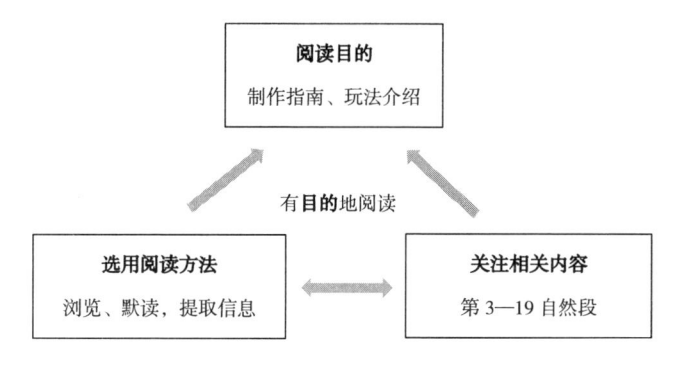

```
        阅读目的
     制作指南、玩法介绍
          ↑
      有目的地阅读
    ↓                ↓
选用阅读方法  ←→  关注相关内容
浏览、默读，提取信息   第3—19自然段
```

图1 提炼阅读方法过程示意图

(三)提炼阅读经验

这节课我们通过完成任务一，知道了要根据阅读目的关注阅读内容，选用恰当的阅读方法。可以先浏览全文，再聚焦第3—19自然段，圈画关键信息。完成任务二、任务三，分别要关注哪些内容，选用哪些阅读方法？下节课继续学习、交流。

设计意图：引导学生回顾任务一的阅读方法，利用图示帮助学生构建"有目的地阅读"的整体思路，明确阅读目的不同，选择的内容和运用的阅读方法是不同的，逐步帮助学生养成有目的地阅读的意识。

第二课时

【课时目标】

1. 分组积累词语，借助选词填空，回顾竹节人的样子。会写"疙瘩""沮丧"等词语。

2. 通过品读批注，感受竹节人带给人们的无限乐趣。

3. 尝试自主阅读实践，讲述关于老师的故事，进一步巩固"根据阅读目的，选用恰当的阅读方法"。

【教学过程】

一、批注阅读，体会传统玩具带给人们的乐趣

(一)回顾阅读方法

借助上节课完成的示意图，讲述完成任务一的阅读过程。

(二)讨论

完成任务二"体会传统玩具给人们带来的乐趣"时，该选用怎样的方法阅读？

明确：对比任务一，发现完成任务二要重点阅读第1—19自然段"我们做竹节人、玩竹节人"，要关注人和场面的描写，适合用批注、想象画面的方法阅读。

借助任务阅读，学得阅读策略

（三）根据要求完成任务二

阅读第1—19自然段，把你觉得特别有趣的地方画出来做批注，并选择一两处与同桌交流。

（四）交流反馈

将学生体会到的乐趣梳理成以下三个方面：

1. 做的乐趣（第11—14自然段）。体会"我们"给竹节人制作武器，取名号，使竹节人更加神气、威武的过程。

（1）借助图片，认识事物，指导读好词语：一把偃月刀、一绺红丝线、一个剑拔弩张的古战场。

（2）有感情地朗读：练读第11—14自然段，读出神气。

2. 玩的乐趣（第15—18自然段）。体会斗竹节人的有趣和快乐。

（1）品读第15—18自然段，感受搏斗之激烈。

（2）再次实物演示，感受乐趣：一学生上台和老师一起演示"竹节人搏斗"，学生齐读配音，读出惊心动魄的画面。

3. 看的乐趣（第19自然段）。感受斗竹节人时观看的热闹场面。

（1）理解"攒着观战"——指同学们聚集在一起观看。想象"一圈黑脑袋，攒着观战"的画面。

（2）从下课观战联结上课有同学还在偷偷观战的语句（第21自然段），体会同学们意犹未尽的情形。指导读好两个语段。

（五）小结

我们带着"体会乐趣"的目的阅读课文，从文中找到了很多表现玩竹节人乐趣的语句，反复地读，有时候想象着画面，有时候联系自己的生活体验，有时候对比着读，有时候边表演边读，从中感受到了做竹节人的乐趣、玩竹节人的乐趣、看竹节人打斗的乐趣，并把自己的感受用批注的方式写下来，加深了对课文的理解。

设计意图：学习"体会传统玩具给人们带来的乐趣"时，教师引导学生自主运用阅读策略，通过细读相关语段，批注阅读体会，梳理出了"做的乐趣""玩的乐趣""看的乐趣"，展示了阅读者的思考和收获，再通过朗读、想象画面和实物演示，让学生进入课文描写的情境，与文中的"我们"一同经历玩竹节人的过程，享受其中的乐趣。

二、梳理事情，讲述关于老师的故事

（一）选用合适的阅读方法自主实践

第三个任务是"讲一个有关老师的故事"，同学们试着自己根据阅读目的，选用恰当的阅读方法进行学习。出示学习要求：

1. 用合适的方法阅读第20—29自然段，练习讲述老师的故事，讲清楚事情前因后果和有意思的地方。

2. 小组内讲故事，组员评价，评一评谁讲得最吸引人。

（二）展示讲述故事

1. 挑选两个小组代表讲述故事，评一评是否讲得清楚、生动、吸引人。

2. 根据组长汇报，整理完成任务三的阅读方法：

反复读"老师没收竹节人"和"老师玩竹节人"的语段，把握故事的起因、经过、结果，把故事讲清楚；把握故事的细节，如老师没收竹节人时的怒气冲冲，自己玩竹节人时的全神贯注，这样讲就更生动、有趣了。

（三）对照课文，梳理细节，再次练习讲述故事

1. 引导学生关注两个方面的对比：老师形象的前后对比，

"我"和同桌心情的前后对比。(根据学生回答,出示关键词,见表3。)

表3 不同人物须关注的细节

人物	须关注的细节
老师	虎视眈眈、大步流星、怒气冲冲、念念有词、全神贯注、忘乎所以
学生	眼巴巴、沮丧、悻悻然、相视一笑、心满意足、化为乌有

2. 依据讲故事的评价标准(见表4),练习讲述故事。

表4 讲故事评价单

讲故事的评价标准	评价结果
按一定顺序讲(按起因、经过、结果的顺序把故事内容讲清楚)	☆☆☆
讲得生动、吸引人(关注了老师和同学们前后的变化)	☆☆☆

3. 小结:讲有关老师的故事,阅读时要重点关注事情的起因、经过、结果,要想把故事讲得生动、吸引人,还要在阅读时留意故事的细节。

设计意图:有了前两个阅读任务的实践经验,在完成本任务时,教师让学生自主阅读,独立练习讲述故事,再合作讲故事,根据学生讲述情况,适时给予指导,引导学生关注细节,帮助学生把故事讲清楚、讲生动、讲得更吸引人。"讲一个有关老师的故事"仅仅是学习支架,不是最终目的。本课是阅读策略的学习和运用,因此,在学生讲不好的地方,教师要引导学生再去阅读相关语段,获取与阅读目的相关的语料。

三、整理阅读方法，总结阅读收获

（一）整理完成本课三个任务的阅读过程与收获

1. 小组交流，说一说自己在完成三个任务时分别是怎样阅读的。

2. 整理阅读过程和做法，根据学生的回答，逐步形成板书。

3. 出示课后题中三个小伙伴的对话，说一说自己的阅读过程和三个小伙伴的阅读经验有什么相同点或者不同点。

（二）总结梳理

阅读一篇文章，阅读目的不同，关注的内容不同，选用的阅读方法也会有所不同。同学们还需在今后的阅读中实践"有目的地阅读"，不断反思总结，提高阅读能力。

（三）引发思考

我们平时读书，"阅读目的"是什么？"任务"又该从哪儿来呢？

提示：可以根据自己的阅读需求给自己设置阅读任务，如搜集资料、阅读鉴赏、积累语言、复述故事等。

设计意图：回顾整理本课三个阅读任务的完成过程，形成阅读图示，将学生思维和阅读过程可视化。本课是"有目的地阅读"初步学习和实践，只是一个起点，最终要将课内所学引向日常的阅读实践。最后的问题旨在引发学生思考——常态的阅读可以怎样给自己设置阅读任务，引导学生自觉实践"有目的地阅读"，逐步提升阅读能力。

四、学习词语，指导书写，拓展阅读

（一）学习词语

在完成阅读任务的过程中，为了提高阅读的速度，有些难读、难懂的词语我们直接略过了。这些词语你会读吗？

1. 第一组：叉腿张胳膊、浑身疙瘩肉、威风凛凛、呆头呆脑、不知疲倦。

（1）读准词语：指名读、齐读词语，及时评价正音。发现这是一组写竹节人样子的词语。

（2）选择合适的词语填入横线中，读好句子。

通过课文学习，我们认识了一件新鲜玩意儿——竹节人，它曾风靡全班。你看它壮士模样，站在那儿，_____，_____，就像健美比赛中脖子老粗、_____的小伙子。它们搏斗起来，会没头没脑，_____，永不会倒下，可有时候线卡住了，便是一副_____的傻样子。

2. 第二组：虎视眈眈、大步流星、念念有词、忘乎所以。

朗读词语，引导学生发现这一组是写老师神态、动作的词语。

3. 第三组：沮丧、悻悻然、相视一笑、心满意足。

朗读词语，引导学生发现这一组是写学生神态、动作的词语。

(二)指导书写：疙瘩、沮丧、凛、颓

1. 这几个字词比较难写，提示写的时候要注意什么。

2. 教师范写"疙瘩"，学生选择认为难写的字词练习。

(三)拓展阅读

作业：阅读王勇英的《竹节人》，思考竹节人给童年的王勇英带来了哪些乐趣，试着"根据阅读目的，选用恰当的阅读方法"进行阅读。

设计意图：为了学习、运用阅读策略的整体性和连贯性，本课字词教学放在了最后。六年级学生已经有一定的自主识字学词能力，本节课通过分组学习词语，让学生发现各组词语描写对象的不同，进行分类积累。通过教师范写、学生练写难写的字词，落实识字与写字教学。

【板书设计】

板书设计图见图2。

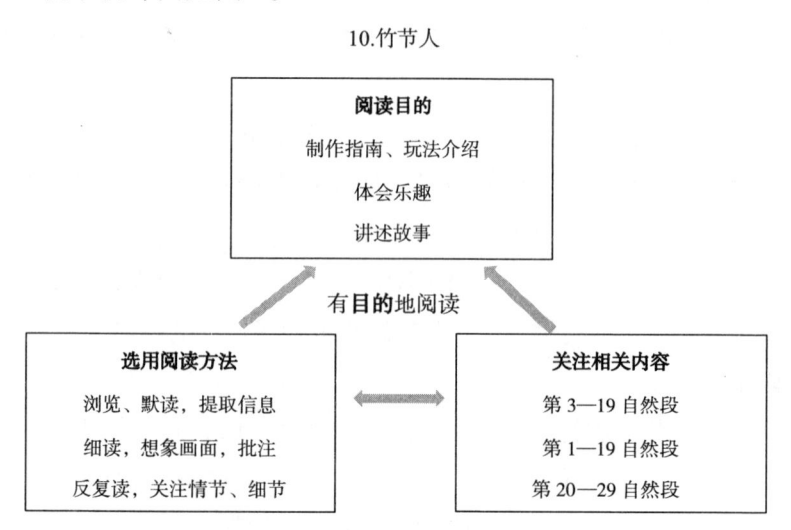

```
              10.竹节人

          ┌─────────────────┐
          │     阅读目的      │
          │  制作指南、玩法介绍 │
          │    体会乐趣       │
          │    讲述故事       │
          └─────────────────┘
                ↑       ↑
               有目的地阅读
          ↓                   ↓
┌──────────────┐      ┌──────────────┐
│  选用阅读方法  │ ←→  │  关注相关内容  │
│浏览、默读，提取信息│      │  第3—19自然段  │
│细读，想象画面，批注│      │  第1—19自然段  │
│反复读，关注情节、细节│    │  第20—29自然段 │
└──────────────┘      └──────────────┘
```

图2 《竹节人》板书设计图

【教学点评】

阅读策略教学与建构文本意义并重

为提高学生的阅读效率，培养学生运用阅读策略的意识和基本能力，统编小学语文教材从三年级开始有目的地编排了四个阅读策略单元：三年级上册"预测"单元、四年级上册"提问"单元、五年级上册"提高阅读速度"单元、六年级上册"有目的地阅读"单元。围绕策略组织单元，这在小学语文教材的编纂史上是一个创举。四个单元的集中学习，可引导学生获得必要的阅读策略，使他们成为积极的阅读者。

广大教师已充分认识到学生运用阅读策略的重要性。如，2021年浙江省曾对五年级教师进行问卷调查：您认为学生语文能力最需要加强的三项是什么？调查显示，在问卷提供的11个选项中，"阅读策略"排第二位。不过，一线教师在教学阅读策略时，容易出现忽视学生作为一名常态阅读者的阅读过程，阅读策略教学过程存在机械单调、阅读策略概念化等问题。《竹节人》一课的教学设计，努力体现从直接、孤立的阅读策略教学转向学习阅读策略与建构文本意义并重的教学，从而有效避免这些问题。

一、遵循常态读者的阅读过程

六年级上册第三单元围绕"有目的地阅读"这一策略进行编排。"有目的地阅读"首先要根据自己的阅读目的，选择恰当的阅读材料，对不重要的材料或无关材料略过或跳过。确定阅读内容后，选用恰当的阅读方法展开阅读活动，达到自己的阅读目的。这非常符合常态读者的阅读过程，阅读教学也应该让学生体验真实的阅读过程。

肖老师从学生的真实生活入手，让学生"聊一聊平时喜欢玩的玩具，简单说一说是怎么玩的"，为完成任务一中"教别人玩这种玩具"铺垫生活经验。以课题"竹节人"引发学生阅读期待，借助课文插图、图文对照阅读，认识竹节人玩具，了解其玩法，通过玩一玩竹节人实物玩具，印证文中对竹节人玩法的描述。这其实也是一种阅读目的，即"我想知道竹节人是什么样子，竹节人可以怎么玩"，通过无痕的引导，既达到阅读目的，又引发学生对文本意义的探索。以"课文除了写竹节人的样子和玩法，还写了哪些内容"，引导学生整体感知课文内容，为学生根据阅读目的，准确地选择相应的阅读内容做好铺垫。肖老师始终遵循常态读者的阅读过程，将"有目的地阅读"隐含于学生真实的阅读过程之中。

有的教师教学时，容易直奔阅读策略教学。如，上课伊始，这样设计问题：

1.读单元篇章页,想想这个单元与以往的单元有什么不同。本单元的语文要素是什么?

2.引导学生回顾已学过的阅读方法:浏览、精读、跳读、猜读、批注等。

3.阅读《竹节人》一课的学习提示,知道阅读这篇课文要完成三个不同任务,想一想三个任务有什么区别。要完成这三个任务,要分别阅读哪些部分?

这样教学,就忽视了常态读者的阅读过程,直奔阅读策略的学习,会使教学显得理性而机械。

二、通过阅读实践学得阅读策略

学生的学习过程有两种形态:学得、习得。"学得"是后天通过外显的教学干预来获得的;"习得"是自然而然获得的,"书读百遍,其义自见"。学习阅读策略的最初阶段,往往是通过"学得"获得,再经过一定的学习训练,内化成学生自己的阅读策略。

有目的地阅读,首先要有目的。常态阅读中,读者一般是先有阅读目的,如上面提到的"我想知道竹节人是什么样子,竹节人可以怎么玩"。学生的阅读期待,是真实的最初阅读目的。《竹节人》是本单元第一篇精读课文,为了引导学生学习有目的地阅读,阅读目的由教材提供。通过学习提示,安排了三个不同的阅读任务,就等于有了不同的阅读目的。三个任务引导学生体会阅读同一篇文章,目的不同,关注的内容、采用的阅读方法也会不同。

肖老师组织了不同层次的阅读实践,将理解阅读与学得有目的地阅读的阅读策略有机结合。

第一步,根据任务,关注不同的阅读内容。"如果要完成以下任务(学习提示中的三个任务),你会分别阅读哪些内容?"通读课文,找到有关联的段落,忽略无关段落。

第二步，范例引导，选用不同的阅读方法。以任务一"写玩具制作指南，并教别人玩这种玩具"为例，提示学生联结生活。以完成"竹节人制作指南"为抓手，引导学生选择合适的阅读方法读相关段落，并让学生还原自己是怎么做到又快又准确地完成"竹节人制作指南"的，通过"学习伙伴对话微视频"回顾阅读过程，反思自己的阅读过程，形成阅读经验。

第三步，回顾方法，自主实践阅读策略。任务二"体会传统玩具给人们带来的乐趣"，以静心阅读、批注感受、想象画面、有声朗读等方法，引导学生感受"我们"装饰竹节人、斗竹节人时的有趣、快乐、投入以及玩竹节人对孩子的吸引力。教师穿针引线，引导学生将阅读体验走向深处。任务三"讲一个有关老师的故事"，以学生自主阅读为主，关注事情的前因后果和有意思的地方，借助"讲故事评价单"，落实"根据阅读目的，选用恰当的阅读方法"。

以上阅读实践活动，先让学生尝试，再教师指导，最后让学生自主运用。《竹节人》是本单元第一篇精读课文，学生较难仅通过完成三个任务，就掌握"有目的地阅读"，因为小学生阅读策略的发展是通过学习、实践逐渐内化而形成，遵循从模仿、发现到自觉运用的过程。学生将随着本单元后面两篇课文《宇宙生命之谜》《故宫博物院》的学习，进一步体察"根据阅读目的，选用恰当的阅读方法"的阅读过程。

三、不同于阅读教学的一般流程

策略单元的课文教学不同于普通阅读单元，要将策略教学与课文内容教学有机融合，充分利用文中旁批、课后习题和学习提示等学习阅读策略，开展边阅读边运用策略的教学实践，逐步从学习方法、尝试运用到独立运用。因此，在教学流程上不同于一般课文教学。肖老师的教学设计主要体现在三个方面的不同。

第一,学习课文不是一次完成。学生要体会根据不同阅读目的选择不同的阅读材料、选取不同的阅读方法,就需要反复、多次阅读课文。学生每带着一个目的阅读,都需要回到课文中,选择对应内容,选用恰当方法,完成相应任务。肖老师安排了多次阅读课文,以达到不同的阅读目的。如,解决自己的阅读期待,整体把握课文内容,完成三个任务锁定不同阅读内容,选用恰当的阅读方法阅读对应内容等。

第二,不断引导学生觉察学习路径。完成第一个任务后,借助微视频回顾阅读过程。完成三个任务后,引导学生交流、整理阅读过程和做法,形成可视化的板书。借助课后题中三个学习小伙伴的对话,将自己的阅读过程与三个小伙伴的阅读经验进行比较,从而将学生通过教师"随机点拨"获得的"有目的地阅读"的策略显性化。

第三,生字、词语的学习移至最后环节。本课要求学生会写的生字有15个,书写上有一定的难度。竹节人这种地方性传统玩具离学生现实生活较远,课文部分词语不太容易理解。这些又是本课教学的基础性目标,必须落实。为了保证学生学习、反思、运用阅读策略的整体性和连贯性,肖老师将生字、词语的学习安排在最后环节。依据六年级学生的学习能力,分类学习词语,并与理解课文内容紧密结合,对要写的15个字,突出易错之处进行指导,扎实、有效。

(325800　温州,浙江省苍南县教师发展中心　zjcnxyl@126.com；
　　　310012　杭州,浙江省教育厅教研室　cxyuqin@163.com)

亲历过程　自我监控　习得策略
——六年级上册《宇宙生命之谜》教学设计与反思

倪　鸣

【课文解析】

从文本角度看,《宇宙生命之谜》是一篇典型的科普说明文。文章围绕"宇宙中,除了地球外,其他星球上是否也有生命存在"这一疑问,按照提出问题、理论假设、事实剖析、得出结论的顺序,逐步推进,展开叙述。为了提高研究证据的可信度,文章运用了"温室效应""有机分子"等科学术语,引用了精确的数据,表达严谨、准确。

从教材视角看,《宇宙生命之谜》是六年级上册阅读策略单元的第二篇精读课文,自有其教学价值。统编小学语文教材一共编排了四个阅读策略单元,分别是三年级上册的"预测"、四年级上册的"提问"、五年级上册的"提高阅读速度"和六年级上册的"有目的地阅读"。《宇宙生命之谜》是整套教材最后一个阅读策略单元中的一篇,教学时应重视相关阅读策略的综合运用。

纵观这个单元,共选编了三篇文章——两篇精读,一篇略读。

三篇文章分别是叙事性作品、科普说明文、非连续性文本，关照了不同类型文本的"有目的地阅读"。《宇宙生命之谜》是该单元的第二篇精读课文。第一篇《竹节人》通过学习提示，编排了三个学习任务，引导学生体会阅读同一篇文章，目的不同，关注的内容、采用的阅读方法也会不同。第三篇《故宫博物院》编排了两个学习任务，引导学生将精读课文学到的方法进行迁移运用。由此可见，《宇宙生命之谜》是策略学习循序渐进的重要一环，通过教学，应该让学生进一步体验并能够较为自觉地运用策略，为略读课文运用策略奠定基础。

《宇宙生命之谜》一文的教材呈现，除了文本本身，还添加了若干批注。在文本旁边添加批注的课文在统编教材中并不少见，但批注的内容大多是对文本内容的质疑、感悟。《宇宙生命之谜》的批注并非指向内容理解，而是一位小伙伴在有目的地阅读此文时选用的阅读方法，因此，教学时要用好批注，以帮助学生自我反思，习得策略。

【学情分析】

通过对七所学校245名六年级学生进行数据采集发现，在教师不指导的情况下，学生自己带着问题（目的）阅读同一文本，其采用的方法按比例排序，依次为边读边勾画关键词句、做批注、查资料、筛选重点段落细读。由此可见，六年级学生已经具备了一定的独立阅读能力，积累了一定的阅读理解经验。

教学本单元第一篇精读课文《竹节人》之后，再对同样的学生进行相关数据采集，发现学生在上述方法的基础上，添加了"快速阅读锁定范围"，同时，"筛选重点段落细读"这一方法的运用比例明显提升。由此可见，基于本单元第一课的学习，学生已经初步了解了"有目的地阅读"这一阅读策略。

亲历过程　自我监控　习得策略

【教学目标】

1.能在语境中识写本课要求掌握的部分汉字和词语。

2.能根据提出的问题，通过浏览，找到相关内容，并恰当运用学过的阅读方法细读，知道关于宇宙生命的科学研究尚有争议。

3.能对自己在阅读中解决问题的过程进行反思和改进。

【教学时间】

两课时。

第一课时

【课时目标】

1.能在语境中理解部分词语。

2.能根据提出的问题，通过浏览，找到相关内容，并恰当运用学过的阅读方法细读，知道关于宇宙生命的科学研究尚有争议。

【教学流程】

一、回顾梳理

回顾上一课《竹节人》的学习，梳理如何"有目的地阅读"。相机板书：浏览、细读。

设计意图：唤起已有学习经验，在阅读实践中，形成策略运用的自觉。

二、阅读反思

（一）明确阅读目的

阅览本课的"学习提示"，明确阅读目的：解决"宇宙中，除了地球外，其他星球上是否也有生命存在"这个疑问。

（二）根据目的阅读

1.运用《竹节人》一课习得的方法，带着问题浏览课文，尝试解答。

2.组织学生交流对这个问题的初步思考。

117

（1）观点一：没有生命存在。

请持此观点的同学结合课文说说依据。

（2）观点二：有生命存在。

请持此观点的同学结合课文说说依据。

（3）观点三：可能有，也可能没有。

请持此观点的同学结合课文说说依据。

（4）谈谈对第9自然段中的"有机分子"的理解。

（5）引读结尾，明确这个问题至今还是个未解之谜。

（6）小结：虽然大家对这个问题的解答不一样，但在浏览课文时，都能带着问题，聚焦可以直接回应问题的语句，阅读很有效率。

3.结合学生聚焦的可以直接回应问题的语句，引导学生发现科普说明文谋篇布局的规律：开头部分写猜想，结尾部分是结论。

4.相对于猜想和结论，中间"进行研究，寻找证据"的过程更加重要。组织学生交流：要想解答这个问题，也就是实现我们的阅读目的，接下来打算怎么读？

5.结合学生的交流，出示学习要求：细读第3—8自然段，运用恰当的阅读方法，寻找与问题相关的内容。

设计意图：运用《竹节人》一课习得的策略，带着问题自主阅读。初步感知后，根据科普说明文的结构特点，引导学生明确值得细读的段落，提示学生综合运用恰当的阅读方法，带着问题再次自主阅读。

6.组织交流细读后找到的与问题相关的内容，根据学生的汇报，相机出示相关语段。

（1）第3自然段

①组织学生交流关键词。

②追问：为何勾画这几个关键词？与阅读目的有何关联？

亲历过程　自我监控　习得策略

③小结：有目的地阅读，需要我们根据目的锁定关键词。

（2）第4自然段

①组织学生交流关键词。

②追问：找到这么多词句，和阅读目的有什么关系呢？你能根据这些关键词，梳理归纳出什么信息？

③小结：有目的地阅读，要根据目的提取重要信息。

（3）第5—8自然段

①组织学生交流找到了哪些和阅读目的相关的内容。

②相机追问：你找到的内容和阅读目的有什么关系？引导学生将上下文关联起来思考。

③小结：有目的地阅读，有时还需要我们把相关内容联系起来看。

④再次回顾第5—8自然段，通过勾画相关语句、联系上下文，最终获取了什么和阅读目的相关的信息？请学生试着用一句话概括。

7. 总结：通过细读，我们对这个问题有了进一步的认识，对照生命存在的四个条件进行分析，太阳系除地球以外的其他行星都不可能存在生命，但有些发现，又让我们仍不能下定论，难怪课文的结尾会说……引读结尾。

设计意图：通过追问，引导学生思考阅读目的与阅读方法的关联，为第二课时的"反思阅读过程"奠定基础。

第二课时

【课时目标】

1. 能在语境中识写本课要求掌握的部分汉字和词语。
2. 能对自己在阅读中解决问题的过程进行反思和改进。

119

【教学流程】
一、阅读反思及实践
(一)反思阅读过程

1. 引导学生回想上节课是如何"有目的地阅读"的,并在小组内交流。

2. 提示学生:这篇文章其实是一位同学为了解决这个问题找到的,带着这个目的,他一边阅读还一边写下了自己的思考,就是文中的批注和课后的泡泡语。让学生读一读这些内容,想一想:哪些方法是这位同学用到了,而你却没有想到的?哪些方法是你和他都运用了的?哪些方法是你运用了,而他没有用到的?分别做上不同的记号。

3. 组织交流:

(1)交流自己和这位同学都用到的方法。

(2)交流这位同学用到的,而自己没有用到的方法。

(3)交流这位同学没用到,而自己用到的方法。

交流过程中,教师相机板书:查资料。并随机请学生板书其他具体的方法:联系上下文、勾画关键词等。

4. 结合板书,引导学生发现这些都是熟悉的阅读方法。追问:根据目的去阅读时,运用这些熟悉的方法,又有怎样的体会?

设计意图: 引导学生阅读文中批注,从自己和这位同学都用到的方法、这位同学用到的方法、自己用到的方法三个维度,与教材虚拟的学习伙伴进行对话。在多维对话的过程中,反思自己带着问题阅读的过程,习得阅读策略。

(二)实践体验

1. 如果阅读目的改变,你又会怎么读呢?出示课后习题二的两个问题。

2. 让学生选择自己感兴趣的一个问题，根据目的阅读，形成对问题的解答。

3. 组织同桌交流：先说说选择了哪个问题，自己是怎么阅读的；再说说自己对这个问题的解答。

4. 基于同桌交流，引导学生发现：阅读的过程和方法差不多，不同的是细读的段落。

设计意图：借助课后习题，创设迁移实践的任务，让学生在反复运用的过程中，提升阅读理解的能力。

5. 组织学生交流第一个问题细读的段落及相关思考。

6. 组织学生交流第二个问题细读的段落，基于学生观点的差异，教师进行"有声思维"示范："一开始，我根据阅读目的，直奔写火星的段落，后来发现有些段落是在证明火星上没有生命，只有第7自然段在分析条件，但还需要和第3自然段对照看，才能分析出火星是否具备生命生存的条件，所以，最终选择了这两段细读。分享这些，不是要给大家细读段落的唯一答案，而是希望大家明白，有目的地阅读时，可以根据目的，不断筛选和调整阅读范围及对象。"

设计意图：教师以"有声思维"的方式进行示范，帮助学生进一步明确"有目的地阅读"时，如何根据目的选取重点内容进行细读。

7. 组织学生交流关于第二个问题的思考。

8. 引导学生关注课文中提到的两个年份：1971年、1975年。组织交流：要想解决"学习提示"中的问题，你还打算怎么阅读？

9. 结合学生的交流，相机出示教师查找到的有关火星研究的资料。

10. 基于这个单元前两课的学习，组织学生交流"有目的地阅读"对今后的阅读有什么帮助。

（三）语境识写

在有目的地阅读的过程中，我们对课文内容有了进一步的理解。出示：

通过了解生命起源的过程，人们发现了天体上存在生命的条件。太阳系中火星最有可能存在生命，因为它和地球昼夜长短相近，有四季，人们还（　　　）其表面有火星人开挖的运河。为了揭开火星神秘的面纱，科学家用探测器进行了（　　　），拍摄了大量的照片，做了进一步（　　　）。发现"运河"其实是暗环形山和暗的斑点，"四季"也不是植物的生长和枯萎造成的。火星很干燥，磁场非常弱，无法抵御太阳风和宇宙射线。人类至今尚未在外太空找到生命，这将是人类一直探索的宇宙之谜。

1. 结合语境，辨析"猜测、观测""考察、考查"，选词填空。
2. 标出这段话中出自写字表和词语表的字词，让学生自主识记。
3. 教师重点指导"抵御"一词的书写，并让学生在语文本上练写，其余字词自主选择练写。
4. 朗读这段话，再次回顾课文内容。

设计意图：将字词学习与课文内容回顾整合，遵循了"字不离词，词不离句"的学习规律，提高了课堂教学的效益。

二、拓展延伸

（一）补充资料

补充视频及图片资料，帮助学生了解中国航天事业的发展。

（二）布置课后作业

以"探索宇宙"为主题，组织一次班队会，在准备资料的过程中，请根据目的，选用方法，有目的地阅读。

设计意图：将文本学习与学生生活相联结，在课后的语文实践活动中,继续运用习得的阅读策略。

【板书设计】

板书设计图见图1。

> 11.宇宙生命之谜
>
> 浏览 细读 查资料　　　　学生板书其他方法(略)

图1 《宇宙生命之谜》板书设计图

【教学反思】

2021年7月,第四次小学语文教学研讨会暨2021特级教师座谈会在宁夏银川举行。在本次活动中,笔者展示了六年级上册《宇宙生命之谜》一课两个课时的完整教学。此课例的研磨及实施过程,引发了笔者对阅读策略单元教学中一些真实问题的思考。

一、如何理解阅读策略单元文本的教学定位

郑宇(2020:4—9)指出:"策略单元以策略为单元教学的核心目标,同时关注运用策略理解内容的思考过程。普通单元把理解内容、体会思想情感作为单元教学的核心目标,而把方法和策略作为达到目标的手段。"

《宇宙生命之谜》是一篇典型的科普说明文,但基于对单元核心目标的认知,此课的目标确立不应以文体特质为依据,而应该从"阅读策略"的知识属性去理解和把握。《布卢姆教育目标分类学:分类学视野下的学与教及其测评(完整版)》(修订本)中(洛林·W.安德森等2009:35—47),将"知识"分为四种类型:一是事实性知识,有"术语知识"和"具体细节和要素的知识"两个亚类;二是概念性知识,包括"分类和类别的知识""原理和通则的知识""理论、模型和结构的知识";三是程序性知识,关于"如何做某事"的知识;四是元认知知识。从知识属性看,"阅读策略"

应该倾向于第三、四种,所以,《宇宙生命之谜》的教学应该更关注"如何做"和"对如何做的认知"。

二、如何处理好阅读理解与习得策略的关系

有些教师在教学阅读策略单元时,就策略讲策略,将阅读策略标签化,课文内容一带而过,教学流程类似理科学习的"原理—操练"模式;还有一些教师在教学阅读策略单元时,与一般阅读课的流程一样,仍然安排学生预习,课堂上还是从字词学习开始,还是由一个个问题引导教学,还是侧重于内容的理解。上述教学方法,体现了当下一部分教师对阅读理解与习得策略关系的误解。

我们应该认识到阅读策略是为阅读理解服务的,学习阅读策略是为了帮助学生更好地进行阅读理解,因此,应倡导在真实的阅读理解过程中学习阅读策略。阅读策略单元的教学应该聚焦核心目标,其教学流程应该和一般阅读课的流程不一样,可以不安排预习,可以不在课堂伊始就学习字词,而应尽可能还原学生真实的阅读情境。基于对阅读理解与习得策略关系的理解,最终形成了图2所示的教学流程。

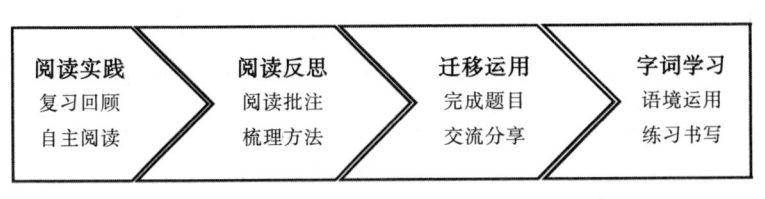

阅读实践	阅读反思	迁移运用	字词学习
复习回顾 自主阅读	阅读批注 梳理方法	完成题目 交流分享	语境运用 练习书写

图 2 《宇宙生命之谜》教学流程图

关于本课的教学流程,有两点补充说明。

其一,书中批注的使用时机。关于本课批注的使用,操作版本比较多:有的教师在教学一开始就出示批注,让学生知道有哪些方法,然后再让学生自主阅读;有的教师让学生跟着这个书中小伙伴一起学，边读批注边进行阅读实践。为何本课的设计没有把批注的学习前置，也没有穿插到学生的阅读实践中呢？一是因为这篇课文的位置"特殊"，很多方法对于学生来说都是熟悉的；二是因为学生真实的阅读情境应该是独立、完整的个体阅读，只有经历了一个完整的阅读过程，才能形成相对全面的阅读经验，从而进行有效的阅读反思。所以，本课将批注的使用时机放在了学生对自己独立阅读过程进行反思的时候，并且没有局限于批注的内容，而是借由批注引导学生从不同角度反思有目的地阅读的有效策略。

其二，字词教学的时段。本课的教学不同于一般的阅读课，将字词教学放在了阅读实践、阅读反思、迁移运用等流程之后。字词教学没有将字词单独出示，而是将词语表中的12个词和写字表中的2个字放置在了由课文内容组成的语境之中，通过选词填空辨析"猜测、观测""考察、考查"，并重点指导"抵御"一词的书写，最后让学生交流书写提示并自主选择书写。如此设计有两方面的思考，一方面是为了不破坏阅读策略的学习情境，另一方面是将字词教学和内容总结相整合，放大字词教学的效益。

三、如何通过阅读策略的学习，让学生成为优质的阅读者

"监控对于认知策略的自我调节运用是非常重要的"（戴蒙、勒纳2015）。有学者（张必隐2004：217—245）认为，阅读监控主要表现为以下四个方面：一是能够明确阅读目的，了解阅读要求；二是能够掌握关键内容并监控阅读过程；三是能够自我判定阅读效果；四是能够灵活调节阅读行为，及时采取补救措施。唯有在阅读策略单元的教学中，体现阅读监控的完整性，才能让学生通过学习，逐步成为优质的阅读者。因此，阅读策略单元的教学，要转变教师和学生的角色内涵。

学生在学习的过程中不仅仅是阅读实践的参与者,还应该时刻清醒,成为阅读实践的反思者。在学习活动实施的过程中,学生要将主观实践与客观反思相结合,将伙伴对话和自我对话相融通。

教师仍然是学习活动的组织者和引导者,但其组织和引导的侧重点应该是促进学生对阅读过程进行有效、自觉的反思,也就是组织有效的对话,而不是简单判断学生阅读结论的对与错。

要实现师生角色内涵的转变,就要精心设计每一个学习活动的起始话题(任务)和推进话题(任务),展开有效对话。《宇宙生命之谜》一课的教学,正是依据教学目标,以展开有效对话为出发点,设计了每一个学习活动的话题或任务(详见表1)。

表1 《宇宙生命之谜》学习活动话题(任务)设置一览表

活动流程	起始话题(任务)	推进话题(任务)	对话导向
阅读实践	带着问题,浏览课文,尝试解答这个问题。	1. 浏览了课文,对于这个问题,你的解答是什么?还有其他观点吗? 2. 要想对这个问题形成全面而深入的理解,你接下来打算怎么读?	引导学生展开伙伴之间的对话,交流对问题(目的)的初步认识,唤起已有阅读经验,明确接下来该"如何做"。
	细读第3—8自然段,运用恰当的阅读方法,寻找与问题相关的内容。	1. 第3自然段:为何勾画这几个关键词?与阅读目的有何关联? 2. 第4自然段:找到这么多词句,和阅读目的有什么关系呢? 3. 第5—8自然段:你找到的内容和阅读目的有什么关系?	通过伙伴之间的对话,丰富学生个体对问题(目的)的理解。 通过追问,引导学生进行自我对话,提升"有目的地阅读"的体验感。

亲历过程　自我监控　习得策略

续表

活动流程	起始话题（任务）	推进话题（任务）	对话导向
阅读反思	请你回想一下，为了解决这个问题，自己是怎么阅读的。	在四人小组内说一说。	引导学生进行自我对话，反观并梳理自己的阅读过程。
	读一读书中这位小伙伴的批注，想一想：哪些方法他想到了，你没有想到？他的哪些方法和你的一样？哪些方法你想到了，他没有想到？分别做上不同的记号。	1. 根据这个阅读目的，你准备查找什么资料？ 2. 都是熟悉的方法，根据目的阅读时，运用这些方法又有怎样的体会？	引导学生在与书中伙伴对话的同时，进行自我对话，反思自己在阅读实践的过程中是怎么做的，还可以怎么做。
迁移运用	如果你想探究下面这些问题，会怎样阅读这篇文章？	1. 让学生选择一个自己感兴趣的问题，根据目的阅读，形成对问题的解答。 2. 同桌交流：先说说选择了哪个问题，自己是怎么阅读的；再说说自己对这个问题的解答。	1. 引导学生通过阅读过程中的自我对话，实现阅读监控，反思调整自己的阅读行为。 2. 通过伙伴之间的对话，分享学生个体对阅读过程和阅读结论的认知。

在研磨《宇宙生命之谜》这一课例的过程中，陈先云老师曾提示：阅读策略单元课文的教学，要和普通单元课文的教学不一样。对于以上三个问题的思考，或许可以诠释这"不一样"的内涵。

参考文献

戴蒙、勒纳主编 （2015）《儿童心理学手册》（第六版）第二卷下，林崇德、李其维、董奇译，华东师范大学出版社，上海。

洛林·W. 安德森等编著 （2009）《布卢姆教育目标分类学：分类学视野下的学与教及其测评（完整版）》（修订本），蒋小平等译，外语教学与研究出版社，北京。

张必隐 （2004）《阅读心理学》，北京师范大学出版社，北京。

郑　宇 （2020） 阅读策略：让学生觉察学习的路径，《语文建设》第 20 期。

（210001　南京，江苏省南京市教学研究室　niming7623@163.com）

"联结+批注"多阅读策略教学的一次尝试
——以六年级上册《有的人——纪念鲁迅有感》为例

教学设计：姜丽凤　教学点评：王国均

在统编小学语文教材中，批注是作为阅读方法加以学习和应用的，但我们在课堂教学中发现，学生在学完批注单元后，仍然容易出现批注内容浮于表面、批注形式固化、新鲜劲儿过后为批注而批注的被动学习现象，特别是中等和学习困难学生批注质量不断下滑，最终基本失去批注的意义。为了将批注由阅读方法上升到阅读策略的层面，更好地体现其作为阅读策略的目的性、情境性、反思性和可习得性，我们学校引进读写教室"培养独立而成熟的读写者"的理念，建立了批注策略的教学研究团队，在研读国际批注研究以及学习科学的最新成果的基础上，尝试开发系列读写工具，初步探索出一条可操作、可复制、可学可教的行动路径，使批注的教学方式也发生了明显变化。

王国均（2022）在《"多阅读策略教学"的特征与推进》一文中首次引进了"多阅读策略教学"的概念。他认为，多阅读策略教学是指教师在一节课或一篇课文的教学中，让学生运用多个阅读策略来解读课文,实现文本意义理解的最优化和最大化。笔者受此启发,有意识地运用"联结+批注"的多阅读策略,对统编小学语文教材六年级上册《有的人——纪念鲁迅有感》一文进行了阅读指导的尝试。

一、解读教材,选择合适的多阅读策略

《有的人——纪念鲁迅有感》一文所在的单元,共安排了四篇课文。《少年闰土》《好的故事》是精读课文,《我的伯父鲁迅先生》和《有的人——纪念鲁迅有感》是略读课文。略读课文作为精读课文和课外阅读之间的一座桥梁,是自主阅读的演练场,要求学生对精读课文中学到的方法加以运用,适合采用批注展示阅读成果。

那么,除了批注的阅读策略外,还可以同时使用什么策略助学呢?笔者观照单元导读,挖掘与文本相匹配的阅读策略。翻开单元页,一目了然,这一单元人文主题是"走近鲁迅",这是统编小学语文教材中唯一一个以人物为主题的单元。但学生与鲁迅所处的年代不同,他们与鲁迅在时代背景、思想、语言上存在一定的距离。如何让学生逐渐消除与鲁迅的隔阂,了解鲁迅、走近鲁迅,穿越时空与鲁迅进行对话?本单元语文要素指明了方向:借助相关资料,理解课文主要内容。在单元页左下方,还出示了鲁迅个人简介资料,提示可以链接鲁迅生平、作品来帮助理解课文内容。显然,运用"联结+批注"策略,联系鲁迅的相关资料进行批注,能促进学生对文本的深度理解,同时也落实了本单元的语文要素。

二、整体梳理,唤醒已知的阅读策略

统编教材里,批注最早出现在三年级上册"预测"阅读策略单元中,《总也倒不了的老屋》一文对预测做了旁批。同样,四年级上册"提问"阅读策略单元中,也是用旁批写出小伙伴的疑惑。到四年级上册第六单元,则明确要求学习用批注的方法阅读。《牛和鹅》重在思考给文章做批注的角度,《一只窝囊的大老虎》强调在不了解的地方做批注,《陀螺》则指向在体会比较深的地方做批注,体现了批注训练由浅入深、循序渐进的特点。

在运用"联结+批注"阅读策略学习《有的人——纪念鲁迅有感》之前,教师要引导学生对批注和联结阅读策略进行复习回顾、整体梳理,以唤醒他们已有的学习经验。首先,我们要用批注的策略学习文本,带领学生复习已学批注的方法:"选择批注点""做批注标记""进行有声思考"与"撰写批语"四步法;从"感受深""写得好""有启发"以及"有疑问"等角度来写批语;批注位置有眉批、旁批、尾批等。之后,针对"有感情地读一读,结合本单元的课文和你查找的资料,说说鲁迅是一个怎样的人"这一课前导语,让学生了解这篇课文的批注应主要从"感受深"的角度来撰写。

接下来,教师从单元要素"借助相关资料,理解课文主要内容"和课前导语入手,启发学生思考:学习这篇课文还需要用到什么策略?关于联结策略我们有哪些经验?由此,教师与学生一起回顾五年级上册第四单元中"结合资料,体会课文表达的思想感情"的方法,梳理出可以借助的资料有时代背景、作者生平、作品原文等。当然，根据课前导读提示，再加上这篇课文是该单元最后一篇略读课文，且该单元都是关于鲁迅的文章，已学课文也同样可以成为借助的资料。

三、有序指导，运用"联结＋批注"阅读策略

虽然学生对批注和联结阅读策略有了一定的基础，但此前均是单一阅读策略的运用，对于"联结＋批注"多阅读策略，学生却是第一次尝试。因此，需要教师一步步引领。

（一）课前预习：搜集资料，尝试批注

首先，教师要根据本单元人文主题至少提前半个月筹备图书资源，通过校图书馆、师生推荐等途径添置与作者鲁迅直接或间接有关的资料，如《故乡》《鲁迅作品精选集》《小学生鲁迅读本》等，然后对书籍资料进行分类（如生平类、作品类、评论类等），再按类分别摆放在教室四周，方便学生随时取阅。其次，组织学生在阅读鲁迅作品时，以小组为单位分区整理，以读书卡形式做好阅读摘要，如发现与本单元课文相关的资料做好标识和摘录，尽量精简，便于查阅。同时，对内容单薄区域，利用互联网下载相关资料，对已学课文及时进行摘录，逐步加以充实。正如徐静静（2019）在《"读写教室"图书资源的开发与更新》一文中所指出的那样，这样的班级主题图书教室可以起到"支持学生在同一主题阅读中心进行长期、深入的探究性学习活动"的作用。最后，教师还要指导学生整理资料，适当美化，装订成册。学生编辑完成的《"走近鲁迅"资料册》，共包含六类联结资源：鲁迅生平（资料1）、

时代背景(资料2)、作品原文(资料3)、名言警句(资料4)、名家解读(资料5),以及已学课文(资料6)。

阅读联结资源基本开发之后刚好进入本单元的教学,教师在课前让学生借助这些资料预习课文,体会鲁迅是个怎样的人,选择自己感受最深的小节自主批注,完成预学单(见图1)。由于经历了阅读、搜集、整理的过程,学生对鲁迅的资料有一定印象,提高了查找的效率,感知到可以借助资料帮助理解课文的方法,为课中学习"联结+批注"策略做了良好的铺垫。

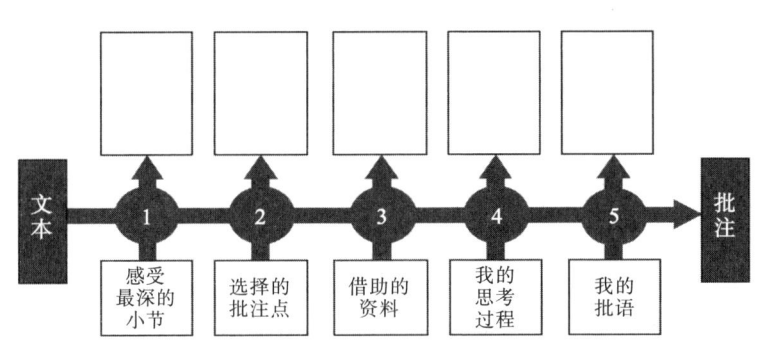

图1 预学单

(二)课中练习:链接资料,学会批注

教师要根据学生的认知特点,充分发挥引领作用,在课中聚焦文本,采用由扶到放、榜样示范、合作探究的方法,指导学生学会借助资料做批注,让感悟走向文本的深处、细处。

1. 有声思考,示范批注

课堂上,教师先做示范:"怎样运用'联结+批注'的阅读策略理解课文呢?老师先给大家示范一下,请你重点关注老师是如何运用联结策略进行思考的。如:我感受最深的是第四小节,认为'有的人/他活着为了多数人更好地活'一句集中表现了鲁迅的品质,以此作为批注点。那么,这里的'多数人'指哪些人呢?我结合已学课文《我的伯父鲁迅先生》,文中回忆了鲁迅先生救助车夫、关心女佣的事情,再联系名言警句资料中,鲁迅说过'无穷的远方,无数的人们,都和我有关',这里无数的人们就包括车夫、女佣等劳动人民。可见,鲁迅心中始终关心着劳动人民。想到此,我不由写下批语:联系鲁迅名言和已学课文,我感受到鲁迅的确是一个为别人想得多,为自己想得少的人!"

在此基础上,让学生回忆刚才教师运用"联结+批注"的阅读策略理解课文的过程,总结出四个步骤作为路标,即找准批注点、链接资料、理解文本、写下批语。其中,链接资料是"联结+批注"多阅读策略的新知识,教师要让学生明白借助的资料和文本之间应该要有内容上的联系,能补充、深化文本的内容,促进对文本的感悟,也就是"相关资料"。需要提醒的是,对理解文本起作用的七类相关资料,学生需要分别用红橙黄绿青蓝紫水彩笔涂色。醒目的标注,方便后期进一步探索文本与资料链接之间的规律。

2. 师生合作,扶学批注

有了教师的示范引领,学生对运用"联结+批注"策略就有了一定的认知。此时,教师要遵循刚才的"四步法",扶着学生一步步有声思考,逐步学习借助资料理解课文内容、撰写批语的策略。

如以文中第三小节为例,教师讲述第一步是找准批注点,学生很容易找到"有的人/情愿作野草,等着地下的火烧",从中能感受到鲁迅的品质,可以作为批注点。再告知第二步是链接资料,引导学生边寻找相关资料边涂色。有的学生联系已学课文《我的伯父鲁迅先生》,从伯父笑谈"碰壁"中,感受到鲁迅憎恶黑暗势力,虽然遭到敌人的屡屡迫害,但依然不妥协。有的学生查找"作品原文（资料3）"，联结贾小林、晓喻《向一个时代的告别——重读鲁迅〈野草·题辞〉》一文中的内容——当时白色恐怖笼罩下的鲁迅，"作出了毫不犹豫的选择，以自己微小孱弱的躯体，与这罪恶的社会一同消亡"，展开思考，豁然开朗，理解了文中"地下的火"就是指人民革命，"情愿作野草"表达了鲁迅先生为了革命宁可牺牲自己的精神，第三步理解文本内容也就水到渠成了。此刻，再让学生写下批语，感悟就显得深刻饱满多了。

3. 伙伴互助，共同批注

师生合作练习"联结+批注"的策略后，就可以采用小组内伙伴互助的方法，选择一个批注点，小组合作完成批注。此时，可出示已学的星级评价表（见表1），师生一起讨论，重点针对借助的资料与文本理解的关联度进行补充。

表1 "联结+批注"星级评价表

星级	批注标记	批注内容	批注语言
一星级	批注位置适当，书面不够整洁，字体不够端正。	找到批注点，有借助的资料，内容理解较为正确。	语言通顺，不够简洁。
二星级	批注位置适当，书面较为整洁，字体较为端正。	找准批注点，借助合适的资料，内容理解正确，有一定深度。	语言比较简洁、流畅。
三星级	批注位置适当，书面整洁，字体端正。	找准批注点，借助丰富恰当的资料，理解正确、深刻。	语言简洁、流畅。

批注交流时，可安排前后四人小伙伴为一组，优秀的学生担任组长，主要负责发言顺序的安排、交流内容的补充修改等。一般来说，可以让平时最少发言、最需要帮助的学生先发言，组长轮到最后一个交流，做最后的总结完善。一位学生交流后，其他小伙伴都要根据评价表发表意见，一起评议修改。这样，能让每一位学生都参与交流，需要帮助的学生有学习请教的机会，优秀的学生可以为他人做榜样，大家在探讨中实现理解由浅入深，由不知到知，由知之不多到知之甚多，最终实现由感到悟的飞跃。

4. 全班交流，完善批注

在全班交流展示批注时，教师要组织学生对批注进行评价，引导学生对文本进行深层次的探究感悟，对于争议点要充分深入讨论，捕捉独特的观点，生成智慧的火花，给学生思维生长的力量。批注评价可包括教师点评、师生共评、生生互评、个人自评等。

如在交流"有的人／俯下身子给人民当牛马"一句的批注时，一位学生发言："联系鲁迅的名言，我读懂了鲁迅先生在为人民做事。"教师启发学生思考：你联系的是鲁迅哪一句名言，又是怎么理解的？学生随即联结资料展开思考：在"名家解读（资料5）"中，有田永清的文章《共赏鲁迅两句诗》，写到毛泽东曾在延安文艺座谈会上的讲话中指出："鲁迅的两句诗，'横眉冷对千夫指，俯首甘为孺子牛'，应该成为我们的座右铭。'千夫'在这里就是说敌人，对于无论什么凶恶的敌人，我们决不屈服。'孺子'在这里就是说无产阶级和人民大众。一切共产党员，一切革命家，一切革命的文艺工作者，都应该学鲁迅的榜样，做无产阶级和人民大众的'牛'，鞠躬尽瘁，死而后已。"教师继续追问：鲁迅是这样说，那他又是怎样做的？学生再次联结已学课文《我的伯父鲁迅先生》，回忆鲁迅先生为车夫包扎、为女佣着想的事迹，感受到鲁迅先生心甘情愿为人民服务的精神。这样，借助相关资料，通过教师点拨，学生领悟到：从已学课文中，看出鲁迅先生全心全意为人民服务，正是做到了"俯首甘为孺子牛"。

最后，就是让学生独立自主地边阅读边批注。这一阶段除了使用各色水彩笔外，还需用到的批注工具是红黄蓝三色贴纸。第一次批注用红色贴纸，同桌交流修改后第二次批注用黄色贴纸，第三次全班交流完善的批注用蓝色贴纸，目的是让学生能从三次批注的直观比较中，看到自己的思考过程，在此基础上进行自我分析、检测、调整，形成新的个性化的经验。

（三）课后复习：分析资料，巩固批注

课堂与课后是一个有机的整体，课堂学习策略，课后要巩固策略。在课后，学生通过回顾课堂的学习步骤，评价完善自己的批注，交流分享小伙伴的阅读批注等，提炼出"联结＋批注"阅读策略的经验，并把自己个性化的学习收获，制作成形式多样的海报。

有的学生从批注路标来谈收获，先运用批注符号标注关键句或难理解的句子，再带着问题查看相关资料，最后结合资料进行思考；有的概括出借助资料的种类，并分别用红橙黄绿青蓝紫水彩笔涂色标注，清晰明了，为探究文本资料与焦点文本的对应关系提供鲜活的素材；有的对批注评价标准进行整理，从批注标记、批注点、内容、语言四方面加以探索；等等。优秀的海报还在教室内展览，供大家学习借鉴，发挥海报的最大效益。

四、实践反思,总结"联结+批注"策略的效果

"联结+批注"的阅读策略,缩短了时空的距离,让学生能直面鲁迅,与之对话,对他形成深入而立体化的认知,使人物理解显得更为准确、丰满、深刻。同时,教师通过创设更大的阅读空间,鼓励学生将阅读策略更熟练地应用于其他文本,大大提高了学生的阅读能力。

(一)"联结+批注"策略,让学生的感悟更有深度

在眉批时,教师提出疑问:明明副标题是"纪念鲁迅有感",为什么反复写"有的人",甚至题目也是"有的人"呢?引导学生四人小组讨论,借助资料思考交流,做好批注。

一石激起千层浪,学生纷纷表达自己的理解。有的说,从"名家解读(资料5)"中读到,叶圣陶对鲁迅先生的评价是:"与其说鲁迅先生的精神不死,不如说鲁迅先生的精神正在发芽滋长,播散到大众的心里。"[1] 再结合课文"有的人死了,他还活着",明白了:鲁迅先生虽然逝世了,可是他的精神永存,而且这种精神在中华儿女身上得到发扬光大。以"有的人"为题,讴歌的不仅是鲁迅一人,更赞颂了千千万万个像鲁迅一样为国为民默默奉献的人。还有的说,"名家解读(资料5)"里,巴金在《悼鲁迅先生》一文中写道:"鲁迅先生的人格比他的作品更伟大。近二三十年来他的正义的呼声响彻了中国的暗夜,在荆棘遍地的荒野中,他高举着

---

[1] 摘自胡俊修在重庆移通学院的演讲《鲁迅,半辈子的孤苦和激昂》。

思想的火炬，领导无数的青年向着远远的一线亮光前进。"可以看出，在国家危难之际，鲁迅先生的思想、人格引领着青年们勇往直前、不懈奋斗。诗歌以"有的人"为题，表现了人的意义在于像鲁迅一样为了国家、为了人民，为了多数人更好地活。联结资料让学生与作者融为一体，与原先学生的批注"讴歌鲁迅先生默默无闻、无私奉献的孺子牛精神"解读相比，更具内涵、更为深刻、更凸显思维了。

（二）"联结＋批注"策略，让学生的阅读更有广度

本节课中，学生在批注交流、评价、完善中，不仅增进了对文本的阅读理解，又掌握了阅读文本可以从内容、表达、主旨探究的方法，提升了阅读能力，最关键的是教师引导学生在课后及时总结，提炼阅读方法，并迁移运用到阅读鲁迅的作品中，为学生阅读一类文本提供了丰富的实践经验。

如学生在阅读鲁迅的小说《故乡》时，对"我们之间已经隔了一层可悲的厚障壁了"一句产生了自己的理解：这层"可悲的厚障壁"指的是等级观念。少年时的闰土和"我"是无拘无束的，我们之间没有任何的隔膜，而长大了的我们再见面，再也没有那种无拘无束的感觉，只剩下等级观念。封建社会的思想摧残了多少人，中年闰土就是其中一个。这是多么可悲啊！学生在阅读鲁迅的一类作品时，能自觉地运用联结策略，链接作者的生平、时代背景资料，触摸文字中蕴含的情感，体会更加细腻深刻。

（三）"联结＋批注"策略，让学生的思维更有高度

课堂上在运用《"走近鲁迅"资料册》时，学生已对七类借助过的资料分别用红橙黄绿青蓝紫水彩笔涂色。首先，根据颜色的

区别，教师指导学生对运用过的资料进行分析，很容易发现理解鲁迅精神借助最多的资料是作品原文（涂黄色），较多的是已学课文（涂紫色）。在此基础上学生再次细细阅读，发现诗歌有三处地方引用了鲁迅的作品，由此可以看出，臧克家化用鲁迅的名言来讴歌他的精神，是诗歌鲜明的写作特色。通过对资料的梳理，学生有了新的感悟：鲁迅以笔为武器，不顾自身安危，积极投身于唤醒民众的事业，是文化战线上的民族英雄。臧克家化用鲁迅作品讴歌其本人，称得上是"水乳交融"！

再者，既然文本中遇到疑惑处、难解处，可以借助资料，帮助我们理解文本、做批注，那反过来我们是否可以总结出规律，找到不同类型资料和焦点文本知识的对应关系呢？这样，如果要知道作家创作目的，直接就可以查一类资料，直奔目标，会节省不少时间。学生开始迫不及待尝试和思考，他们还把探索出的规律制作成海报，与同学一起交流分享，提高了阅读类似文本的效率。

当然，在阅读策略指导过程中，笔者也发现文本阅读除运用"联结+批注"策略外，其实还叠加采用了提问的策略，学生往往在难解处、困惑处、矛盾处产生疑问，再寻找相关的资料以解决问题，从而深化对文本的理解，做出批注。可见，多阅读策略还可以再细化、再叠加、再融合。另外，学生在运用策略时，由于要展现自己思维的整个过程，语言描述会比较具体，导致批语也相对烦琐，不够简洁明了，既浪费了时间，又让文中的批注变得密密麻麻，不够清晰。对批注进行二次开发，探究批注的规律性表述，引导学生利用批注的关键词语展示思考的全过程，促进对"联结+批注+提问"多阅读策略灵活自如的运用，实现理解感悟的再提升、阅读经验的再拓展，这将是下一阶段研究的方向。

【教学点评】

阅读策略是旨在帮助学生独立而又灵活地理解文本并获得文本意义的具体程序和操作技能，是20世纪80年代前后读者反应理论与认知心理学相结合所产生的阅读理解研究成果。阅读策略进入小学语文课本，意味着我国小学阅读教学向科学化迈进了一大步。批注在语文课本中是作为阅读方法出现的，但是我们根据阅读策略的定义，试图研发出一整套支架工具，增进学生的阅读理解。我国小学语文批注教学的研究在系统性以及可操作性方面取得了一些成就，但是语文能力处于中下层的学生批注能力的可获得性和效能感严重不足。我们利用前沿的学习科学研究成果，借鉴了国内外前沿的批注研究成果，尝试研究"批注技能连续体"这一发展路径，研发配套的教学海报、微课、读写任务单、评价表等一系列支架和工具系统，让能力处于中下层的学生学得会，学得有成就感，意在将批注从一个单纯的方法转型为能助力并增进独立阅读理解的策略。姜丽凤老师的案例就是我们在这方面努力的一个初步成果。

姜老师在三年级就注意到可以将预测策略的教学与指导培养学生批注的能力结合。在加入我们的研究团队以后，她开始理解阅读策略对于培养"独立而成熟"的读写者的重要作用，因而她的课堂教学风貌大为改观，学生的独立批注能力明显增强。本案例是她尝试将批注策略与其他阅读策略相结合的成果。六年级"走近鲁迅"专题单元的特点是聚焦于经典作家，以多视角（作者自我回忆、作者亲人追忆、作者同时代战友的歌颂）和多文体（散文、传记、诗歌等）的文本为背景，重在"让学生逐渐消除与鲁迅的隔阂，了解鲁迅、走近鲁迅，与鲁迅穿越时空进行对话"，这正好需要运用"文本与文本"的联结策略，让这些背景文本为理解鲁迅的伟大人格与奉献精神服务；同时鲁迅的文本由于寓意深刻而又有年代隔阂，因此特别需要反复批注这一细读策略。姜老师把"联结"和"批注"作为本单元的两大阅读策略，并且联系以前所学相关课文，给学生提供更多关于作者生平以及时代背景的资料，拓展了学生的联结视野，增加了批注的容量和关联复杂度，使得这两个阅读策略产生更强的协同共振效应。学生之间批注成果与经验的相互碰撞，使得他们对鲁迅及其精神世界的理解不断深入，进而迸发出意想不到的精彩，这样的课堂才算是真正实现了对批注的迭代理解。

此外，本案例中，姜老师还探讨了"X+批注"多阅读策略"扶放有度"的单元教学模式，尝试了阅读路标、批注海报、颜色编码、批注任务单以及评价表等新方法。这些方法新颖实用，真正实现了批注教学从阅读方法层面向阅读策略层面的飞跃。

参考文献

王国均 （2022）"多阅读策略教学"的特征与推进，《教育研究与评论：小学教育教学》第 3 期。

徐静静 （2019）"读写教室"图书资源的开发与更新，《教育研究与评论：小学教育教学》第 11 期。

（312365 绍兴，浙江省绍兴市上虞区崧厦街道中心小学　393227912@qq.com；
　　　　321004　金华，浙江师范大学教师教育学院　zjwgjun@126.com）

联结阅读策略的实践与反思
——以《朝花夕拾》为例

刘冰亚

提要 联结阅读策略是最基本、最必要的阅读策略。本文结合《朝花夕拾》的教学实践,提出实施联结阅读策略的四个要点:泛文本材料选择、意义联结点探究、阅读交流支持和批判性回应。本文还结合《义务教育语文课程标准(2022年版)》、IBDP课程体系大纲以及PISA测试的阅读策略维度,分析了这四个关键部分的意义。

关键词 联结 阅读策略 《朝花夕拾》 教学实践

一、联结:必不可少的初中语文阅读策略

在所有的阅读策略中,阿德丽安·吉尔(2017:43—44)认为"与文本产生联结的能力可能是孩子们最容易理解和掌握的策略了,而它也是最强有力的一个策略。联结为其他所有的阅读策略的实现创造了路径"。联结策略是基础性且普遍适用的阅读策略。引导学生对需要重点理解的文本语句与同一作品内其他有

关联的部分、学生已有的知识储备、现实生活等相关联,是教师常用的阅读策略。学生基于联结策略解读文本的能力,也成为衡量学生阅读水平的重要指标。在国际学生评估项目(Program for International Student Assessment,简称 PISA)中,阅读素养是其主测试项目,代表了国际主流的阅读评估理念。PISA 2018 给出了如表 1 所示的阅读策略考查维度。

表1 PISA 2018 阅读策略指标

阅读策略				
文本处理				任务管理
流畅阅读	定位信息	理解文本	评估与反思	

PISA 阅读测试选用的文本既有单文本,也有多文本;文本组织与导航既有静态文本,也有动态文本。这使得学生在阅读过程中,既要对单一文本有整体把握,也要对多文本、不同形态的文本进行关联阅读。联结策略是开展阅读活动必不可少的重要策略。

联结策略的重要性已经得到教师的普遍认同。教师执教阅读课程时多少都会运用这一策略,如给出对比或补充阅读材料。但具体选择什么样的联结材料,怎样更为有效地使用联结策略,是笔者结合教学实践想要展开说明的。

二、《朝花夕拾》在初中语文学习阶段的重要价值

鲁迅先生的《朝花夕拾》是初中语文教学的重点。《朝花夕拾》一书共有十篇文章,其中三篇入选统编初中语文教材(七年级上

册的《从百草园到三味书屋》、七年级下册的《阿长与〈山海经〉》、八年级上册的《藤野先生》）。此外，该书还是七年级上册教材中重点推荐的整本书阅读作品。

之所以选择鲁迅的《朝花夕拾》为研究范例，还因其是学生从小学语文学习过渡到初中语文学习的重要作品。统编小学语文教材六年级上册第八单元是关于鲁迅的独立单元，鲁迅的作品《少年闰土》（节选自《故乡》）、《好的故事》（出自《野草》）均有入选，它们与《我的伯父鲁迅先生》《有的人——纪念鲁迅有感》共同构成这一单元。学生在初中阶段学习《朝花夕拾》，无疑是对小学六年级相关学习内容的延续。此外，研读《朝花夕拾》也是为初三、高中阶段继续学习鲁迅作品奠基。这样既以单篇、又以整本书阅读形式出现在教材中的文本，仅教材范围内就已经构成了适合联结阅读策略的基础，联结策略对该书而言极为适用。

三、联结阅读策略的实践

联结阅读策略的实施离不开教师引导、帮助学生在理解文本意义的过程中引入联结材料。在联结材料的选取上，笔者认为与主教学文本意义相关的泛文本（语言、文学、艺术、影像等）材料均应纳入阅读策略实施过程中。2021年新修订的IBDP《语言A：文学指南》语言与文学教学大纲（国际文凭组织 2021：22）指出，学生将学习各种媒体中广泛的文学和非文学文本，从而有机会拓展他们的学习并进行富有成效的比较，侧重于研究文本之间的关系，也有机会探索在整个课程中引入的各种主题、专题关注、通用惯例、文学体裁或文学传统，重点是根据对文本之间复杂关系的理解做出批判性回应。《义务教育语文课程标准(2022年版)》在"实用性阅读与交流"任务群的"教学提示"中指出:"应加强对跨媒介阅读与交流的指导,充分利用数字资源和信息化平台,引导学生提高语言理解与运用能力……"(中华人民共和国教育部 2022:25)因此,无论是国际社会主流课程体系大纲,还是国内最新颁布的课程标准,都有意在阅读过程中扩大文本选择范围,鼓励学生把握材料间的关系,这些实际上都离不开联结策略的使用。

除了注重联结材料的多样性,在实践联结阅读策略时,还要注重围绕阅读目的展开深入探究。笔者将实际教学实践阅读策略的要点总结为泛文本材料选择、意义联结点探究、阅读交流支持、批判性回应四个部分。但要注意的是,这四个部分在实践过程中并不完全是依次进行的,会出现顺序交叉。

(一)泛文本材料选择

1. 给予学生选择空间

一般实际教学过程中,教师引入对比文本极为常见,但也存在"为了引用而引用"的情况。失去阅读目的滥用材料是绝不可取的,在使用联结策略的同时,教师要选择可以帮助学生发现互文意义联结点的材料。阅读策略应以学生为主体,围绕阅读目标(教学目标)展开。因此在实际教学过程中,泛文本材料的选择可由老师提供材料,由学生选定自己要使用哪些材料,而非常见的必须使用老师提供的所有材料。为了取舍,学生需要进行意义联结探究。学生可以根据自身阅读水平掌控"真的"能理解其基本意思的材料。在此基础上对文本意义联结进行的探究才能避免流于形式,避免迫于教师给予的任务要求而强迫自己使用每一则材料。如围绕《朝花夕拾》中《阿长与〈山海经〉》一文的阅读活动，为能解决部分学生提出的"为何鲁迅要用较多笔墨写阿长迷信"的问题，且帮助学生深入理解鲁迅对阿长及她所代表的底层民众所做出的迷信行为的看法，教师可给出鲁迅《破恶声论》一文中的语句：

> 农人耕稼，岁几无休时，递得余闲，则有报赛，举酒自劳，洁牲酬神，精神体质，两愉悦也。（鲁迅2005：第八卷31—32）

阅读该材料，很多学生会发现其中"洁牲酬神"也是今人眼中的"迷信"行为，但这些人这样做的目的是为"精神体质，两愉悦也"。学生据此便能理解，阿长所谓的"迷信"其实是缺乏科学知识的底层民众满足自己精神世界的一种方式。

若学生无法理解材料，或最终无法建立起与《阿长与〈山海经〉》一文的意义联结，就应当尊重学生不将该材料作为自己进行意义联结探究材料的选择。

有时学生放弃一些泛文本材料未必是其阅读素养不够高的体现。如针对《藤野先生》一文的阅读活动，教师给出了影视作品中"看电影"事件的视频片段，如果学生认为其内容与课文相比并未产生新的意义价值，观看这段素材只是增添了一点"更为直观的感受"，就会出现不选择这一素材的情况。但这绝不是因为他们的阅读素养不够高，而是学生认为该素材不能满足他们想要深入探究的学习目的。

2. 分阶段提供材料

教师可以根据学生水平决定提供材料的时机。如根据学情预期，部分材料能由学生自己主动提出，则无须由教师先给出。如笔者讲授《藤野先生》一文时，教师提出问题：为何鲁迅要在文中突然提及"日暮里"这一站名？知识储备丰富的学生会联想到《岳阳楼记》中"薄暮冥冥"一句，这是学生主动搜寻具有联结价值材料的体现。部分学生回答出当时的中国处于"日暮"的状态——当时中国的社会环境正是日薄西山，光明减少，黑暗增多。但仅做出这样的回答，意味着学生尚未能结合鲁迅此时身在异乡的心境对文本进行更为深入的理解分析，教师即可再给出黄昏日暮的图片素材，进一步给出崔颢《黄鹤楼》一诗，引导学生发现材料与课文之间的意义联结点——身在异乡，起思乡之情。

2021年北京市中考语文试卷第8、9题为《黄鹤楼》一诗阅读理解，恰与笔者上述真实的教学实践不谋而合，其中第9题题目如下：

> 《藤野先生》中有这样一段文字："我就往仙台的医学专门学校去。从东京出发，不久便到一处驿站，写道：日暮里。不知怎地，我到现在还记得这名目。"有人推测鲁迅"还记得这名目"与本诗尾联抒发的情感有关，你认为这种推测合理吗？请说明你的理由。

命题人考查了学生对文本联结点的探究思考能力。这一实例也再次提醒我们，选择的泛文本阅读材料一定要与原文本关键之处有紧密的意义联结。

（二）意义联结点探究

文本之间的表层联系往往较容易被察觉，但学生仅仅停留在对表层联系的分析远远不够。寻找到"联结点"只是开始，以联结点为起点深入挖掘文本意义的深层联结才是关键。上文《藤野先生》的教学案例便体现了意义联结点的探究对学生而言往往是难点所在。教师首先自己要有意识地发现、探究意义联结点，进而启发学生关注、思考。如《从百草园到三味书屋》一文，其中有一处颇有价值但很少被重点关注的句子：

> 叫我名字的陌生声音自然是常有的，然而都不是美女蛇。

教师执教《从百草园到三味书屋》，往往对"美女蛇"故事这一部分侧重分析其体现的鲁迅童年与百草园相关的乐，但这一句似乎不是。《朝花夕拾》一书收录了十篇独立的文章，但其篇目之间本就存在极强的关联性。引导学生阅读《狗·猫·鼠》一文时，教师往往会结合创作背景指出文章讽刺现实的一面，《从百草园到三味书屋》也有讽刺之处，这一句即是典型例证。

笔者在执教时给了学生"有一种不祥叫'你妈叫你全名'"这一网络热搜话题下的相关片段，学生很快便提出了"'叫我名字的陌生声音'究竟来源于哪里""他们叫鲁迅的名字的目的是什么"等问题。探究深层联结的过程中，听美女蛇故事之"乐"是重要的意义联结点，这句中的"乐"在哪里？细读"然而都不是"五字，便会发现鲁迅反而有一种"期盼是美女蛇"的心态在其中，而这一期盼最终又指向了这段童年听长妈妈讲美女蛇故事的经历。探究这一联结的过程，也是学生对百草园美女蛇部分之"乐"的意义理解加深的过程。

（三）阅读交流支持

1. 提供阅读讨论支架

讨论交流是学生学习极为重要的形式，也是联结策略实施过程中常采用的形式。但缺少支架的阅读讨论往往流于对讨论组内每位同学（甚至是部分同学）发表内容的简单叠加，缺少更为激烈的思维碰撞。如果讨论组内所有学生初步发表的内容均缺少深度，讨论也相对难以帮学生建立深层次的文本联结。因此，教师基于联结策略执教《朝花夕拾》，不仅要给出交流的问题，更要提供讨论支架。如探究鲁迅对封建观念的态度，我们比较一下没有支架和有支架的情况（见表2）。

表2 有无讨论支架的问题比较范例

没有讨论支架的问题	有讨论支架的问题
你认为鲁迅为何批判封建孝道？	问题一：父亲的病没能治愈，鲁迅也没有让父亲安静地离开，你觉得鲁迅是孝子吗？ 问题二：《二十四孝图》一文讽刺对象有哪些？（提供辅助阅读材料） 问题三：鲁迅不爱朱安却还不休妻，是一种愚孝吗？（提供辅助阅读材料） 参考以上三个问题，你认为鲁迅为何批判封建孝道？

这一表格有支架的一栏呈现出对鲁迅《朝花夕拾》一书文本间联系的关注。显然，在有支架的情况下，学生对鲁迅批判封建孝道的原因探究更容易关注到其切身经历，也更容易关注到创作背景等，学生更易产生多角度、多层次的思考。

再如，学生在实际学习过程中，往往对《范爱农》一文"望而生畏"，不喜欢，也难以深入文本。但范爱农其实"形同另一个鲁迅的身影"（吴俊 2022:151），引导学生理解鲁迅当时的心境有助于学生理解范爱农这一人物形象。教师可以给出这样的问题支架帮助学生理解：

（1）文中的"我"对范爱农的看法经历了哪几次变化？

（2）结合介绍鲁迅的相关材料，你认为范爱农在哪些方面与鲁迅的人生有着相似之处？

（3）有学者认为范爱农其实形同另一个鲁迅的身影，你是否认同这样的说法？为什么？

由此可以看出，设置适宜的问题支架能引导学生放下畏难情绪，由浅入深探究文本。

2. 交流宜求深不求全

中学阶段日常教学40—45分钟为一课时，即便两节连堂也不过八九十分钟。在有限的时间内，学生对文本间联结点的交流，重点在于深度而不在于对文本的覆盖广度，应求深不求全。在内容角度，可分析的联结点较多时，教师应通过分组让学生自主挑选重点交流的联结点，或根据课时目标，协调分配交流内容。此外，学生应在课前完成一些泛文本材料的初步阅读，进而提高课堂交流的效率。

（四）批判性回应

布鲁克菲尔德（Stephen D. Brookfield）（2005）在其《大学教师的技巧——论课堂教学中的方法、信任和回应》一书中将批判性回应作为其重要的教学理念。教师的批判性回应指的是教师在明确自己的教学目的的前提下，能够积极地、创造性地回应学生所表达的需求和关注，用于调整自己的教学形式、教学手段。学生对文本的批判性思考是联结策略取得良好效果的体现，但教师在联结策略实施过程中的批判性回应却常常被忽略。教师应对学生积极实践联结策略的行为持鼓励的态度，但对具体问题应有批判性回应。学生能从教师的批判性回应中获得思考层面的启发，特别是当一些学生在表层联系上徘徊不前时，教师的批判性回应也有相当的引导示范价值。如学生对《朝花夕拾》中童年、成年鲁迅话语交织的（正面）表达效果进行分析后，教师可以提出这样的问题：这种写法是否给你造成了一定的阅读障碍？是否有弊端？

部分学生会坦诚说出他们往往会忽略掉写法中不同视角鲁迅话语交织的情形，如果没有教师的提示引导，他们重点关注的是重要情节，而非作者"跳离故事的抒情议论"。但经过教师给予的批判性回应，学生会有意识地关注《朝花夕拾》一书童年、成年鲁迅话语交织这一写法。此外，有学生提出了"是否回忆性散文往往都有'当时的我'和'写作时的我'的话语交织的情形""这种写法会不会产生一定的负面表达效果，比如让人'出戏'"等问题，这是学生对文本特点颇具批判性思考的体现。

对初中生而言，阅读和写作"夹叙夹议"的文章，还是以紧扣上下文为宜。但鲁迅的作品常具有上述的特点，我们不应苛责鲁迅行文的"出戏"，而应将其视为鲁迅创作风格的一部分。教师也可以给出其他回忆性散文供学生进一步阅读思考。

其次，无论是教师还是学生对文本做出批判性回应，都需要在关注文本意义联结点的同时，对材料间有意义的差别之处加以关注、思考。

如通过阅读周作人的相关文章，读者可以得知其实当时鲁迅在东京要搬离所居住旅店的原因并非全如《藤野先生》一文中所言；此外，在仙台的学生干事如果确与其人对应，此人却是对鲁迅不错的……但正如学者吴俊（2022：147）指出的："'漏题风波'究竟是叙实还是虚构，是史实还是创作，已经不重要了，重要的是作者的文学真实和心态真实，回忆还原便是对这双重真实的确认和强化。……家国民族情怀和个人自伤自悼混杂一体，纪实和虚构的交织缠绕提升了作品的情绪感染力。"我们拥有更多材料有时不一定意味着更容易清晰地得到结论，可能更需要教师积极给予批判性回应，引导学生运用联结阅读策略得出有价值的结论。总之，在实践联结策略的过程中,要善于发现材料间有意义的差别之处,给予学生批判性回应,以便于培养批判性思维。

四、小结

围绕《朝花夕拾》展开的联结策略,既要满足存在于教材中的单篇学习任务目标,也要实现整本书阅读任务目标。教师使用联结策略,将泛文本纳入文本理解的互动范畴的同时,也要重点关注意义联结点的探究。关注意义联结点的探究,一定程度上能够避免进入广被诟病的"语文课像活动课""语文阅读不像语文阅读"等虽然让学生"动起来",却陷入形式主义泥潭的误区。此外教师给出阅读交流支持,从关联中的差别之处入手培养批判性思维、给予批判性回应等,也都是实践联结这一阅读策略的有效方法。

PISA 2018对阅读素养的界定由"纸质文本"改为"文本",体现了其对学生阅读对象的形态选择泛文本化的倾向。PISA阅读素养的认知过程描述也由2000年版本的"understanding, using and reflecting on written texts"(理解、使用、反思)发展为2009年版本的"understanding, using, reflecting on and engaging with written texts"(理解、使用、反思、投入),再到2018年版本的"understanding, using, evaluating, reflecting on and engaging with texts"(理解、使用、评价、反思、投入)(OECD 2019:27—28),其增加的"evaluating"(评价)一词需要学生能基于材料之间的关联——意义支持或意义背离,有针对性地阐明自己的观点。本文给出的实践过程中的要点与PISA测试的调整方向也具有一致性。

泛文本间表层的联结往往是学生燃起阅读兴趣的开始，深入挖掘联结点则是学生享受深入阅读思考乐趣的重要动力来源，适当的阅读交流支持能够保障联结策略的实践效果，批判性回应能进一步激发学生的批判性思维。教师在引导学生实践联结策略的过程中可以尝试本文所总结的实践经验，相信能对提升学生阅读素养起到较为有效的作用。

参考文献

阿德丽安·吉尔 （2017）《阅读力：文学作品的阅读策略》，岳坤译，接力出版社，南宁。

国际文凭组织 （2021）《语言A：文学指南》，国际文凭组织（英国）有限公司，加的夫。

鲁　迅 （2005）《鲁迅全集》，人民文学出版社，北京。

斯蒂芬·D. 布鲁克菲尔德 （2005）《大学教师的技巧——论课堂教学中的方法、信任和回应》，周心红、洪宁译，浙江大学出版社，杭州。

吴　俊 （2022）《文学的个人史：鲁迅传述和〈朝花夕拾〉》，华东师范大学出版社，上海。

中华人民共和国教育部 （2022）《义务教育语文课程标准（2022年版）》，北京师范大学出版社，北京。

OECD (2019) *PISA 2018 Assessment and Analytical Framework.* Paris: OECD Publishing.

Practice and Reflection on Connection Strategy: Taking *Dawn Blossoms Plucked at Dusk* as an Example

Liu Bingya

Abstract: Connection strategy is the most basic and necessary reading strategy. Based on the teaching practice of *Dawn*

Blossoms Plucked at Dusk, this paper puts forward four key parts in the implementation of connection strategy: selection of pan-textual materials, exploration of meaning connection points, reading communication support and critical response. This paper also analyzes the significance of these four key parts in combination with *Chinese Curriculum Standards for Compulsory Education (2022 Edition)*, IBDP syllabus, and the reading strategy dimension of PISA test.

Keywords: connection strategy, reading strategies, *Dawn Blossoms Plucked at Dusk*, teaching practice

（100120　北京，北京市西城区德胜中学　liubingya@126.com）

文学阅读的层次与小学语文教学
——以六年级上册第八单元为例

李国华

提要 本文基于分级阅读的理论构想提出文学阅读的六个层次,从低到高分别是理解文学作品的大意、推测作者的创作意图、分析作者的基本形象、理解作品的修辞和风格、判断作品的文体性质、对作品进行思想和审美判断,并以统编小学语文教材六年级上册第八单元为例进行分析,认为对于六年级的小学生而言,容易理解的是前四个层次,费解的是后两个层次。本文展开的是一种关于文学阅读的具体理论构想,尚有待于具体教学和阅读实践的检验。

关键词 分级阅读 文学阅读 小学语文教学

近年来,国内多主张分类阅读和分级阅读,很好地改变了过去相对简单地对待阅读的状况,在精读、泛读、任务式阅读及古老的"读书百遍,其义自见"的默会式阅读之外有了更具有对象意识和操作意识的思考。不过,相对于分类阅读而言,分级阅读作为一个概念和主张被提出之后,相应的研究工作还非常不足,市面上流行的分级阅读读物既千人千面,也缺乏科学的、令人信服的标准设定,故而不免徒有其名,形同虚设。本文认为分级阅读的层级不应该按读者的年龄划分,也不应该根据目前的学制而按年级划分。它们当然都是应该考虑的边际因素,但首要的还在于确定阅读的每一层级的基本要求和标准,并以此编选文章。而循此逻辑出发,文章本身也应当被划分出层级来,即对于同一篇文章,不同学力的读者各读到什么层次就算读明白了。尤其是一些有比较大的阅读难度的文章,如生词多、术语多、意旨晦涩或有多重结构等,过去一般会认为不适宜给低学力层次的读者阅读,但现在如果可以就文章本身分出层级,不同学力层次的读者只要读到相应层次的内容即可,不一定要求读懂和掌握全篇,那么,难度系数大的文章与低学力的读者之间的区隔就可以被打破了。有鉴于此,本文提出关于文学阅读层次的初步设想,并以统编小学语文教材六年级上册第八单元中的精读篇目为例进行分析和讨论,以期引起教学和研究的注意。

至于以该单元中的精读篇目为例,则主要出于以下两个考虑:一是中小学语文教材的编写包含相对成形的分级阅读的思考因素,值得作为参照性的讨论对象;二是一般来说小学高年级学生已具备初步的文学阅读能力,进行有针对性的文学阅读教育十分必要。

一、文学阅读的六个层次

本文将文学阅读的层次从低到高分为以下六层:第一层,理解文学作品的大意;第二层,推测作者的创作意图;第三层,分析作者的基本形象；第四层，理解作品的修辞和风格；第五层，判断作品的文体性质；第六层，对作品进行思想和审美判断。

文学阅读是阅读的一种，因此它和所有的阅读一样，第一个层次的要求只能是理解大意。而所谓理解大意，就是指读者拿到一篇文章之后，无论是一个知识非常丰富的读者，还是一个知识不大丰富，甚至连字都认不全的读者，首先要把握的是文章的大意，即文章大概讲了什么。文学阅读也是这样，首先要明白文章的基本意思。

在把握了文章大意的基础上，就可以进到文学阅读的第二层，推测作者的创作意图。过去一般认为作者的创作意图是很难推测的，往往借助作者自述判断创作意图的方式比较保险，没有什么思考成本。本文不反对这种方式，但主张读者根据大意追问，作者为什么要写这些，并根据作品中的信息做出回答。读者根据作品中的信息所得出的答案也许不合乎作者的自述，但没关系，所谓推测作者的创作意图，并不是要做作者肚子里的蛔虫，猜中作者自己意识到的心思，而只是根据作品提供的信息进行推理而已。重要的是读者会思考，会提问，并敢于解答。严格地说，作品完成之后，作家对自己的作品所做出的解释也是一种读者的解释，只不过这个读者比较特殊罢了。

推测了作者的创作意图之后，读者就可以思考：这是一个什么样的作者？这就来到了文学阅读的第三个层次，即分析作者的基本形象。所谓作者的基本形象，也不是指个人传记意义的现实中的那个人，而是指读者通过阅读作品所形成的对于作者的想象。比如过去有女大学生读了刘半农的诗《教我如何不想她》，就想象作者刘半农是风度翩翩的少年佳公子，及至课堂上见了真人，发现刘半农年龄不小，形象不佳，大为失望。这里的问题就是刘半农作为作者的基本形象和现实生活中的人颇有差异。过去往往会将这类误会视为读者对作者一厢情愿的想象，认为读者不懂得知人论世，或者阅读水平不够，等等。但事实上，作品所形成的作者形象和现实生活中的作者，虽然有深刻联系，但不能说没有区别。因此，所谓分析作者的基本形象，不是借助传记材料说明作者是什么样的，仍是根据作品来进行推理。

对作者的基本形象也有了自己的把握之后，就可以讨论作品的修辞风格了，这是文学阅读的第四个层次。过去容易在把握文章大意、推测作者意图和分析作者形象之前就讨论作品的修辞风格，这不能说有错。尤其是在语文教学中，选入教材的文学作品首先承担的任务并不是文学教育，而是语言文字的理解和运用，因此在语法和修辞的意义上讨论教材选文的修辞，如比喻、拟人、排比等，进而讨论选文的风格，如平铺直叙、平淡清新、夹叙夹议、含蓄、绚丽、明快等，都相当正常。但是，如果把教材选文首先当成文学作品来看，那先把握文章大意、推测作者意图和分析作者形象则很有必要，因为在语法和修辞上同样的语句，在不同的作者笔下会发挥不同作用，修辞和风格的讨论就需要相应调整；一些比较复杂的修辞现象和风格现象，更不能脱离作者的意图和形象来讨论。

有了上述四个层次的准备，就可以进入第五个层次，即对作品的文体性质进行判断。过去往往先提供一些关于文体的知识给读者，让读者根据现成的文体知识去判断所读作品的文体性质。但有两个问题需要面对：其一是低学力读者无法直接接受和把握文体知识，因而难以实现知识传授者"授人以渔"的预期；其二是文体知识是归纳式的、静态的知识类型，而作品一经阅读，即是生动活泼的，可能需要新的文体知识，也可能会形成一些新的关于文体的知识。因此，与其灌输文体知识，不如让读者拾级而上，在阅读中理解关于文体的既有知识，并根据文章本身生成对于作品的文体性质的判断。

最后是对作品进行思想和审美判断。文学阅读的目的各不相同，到达的终点也就各不相同，但只要阅读的意念存乎"文学"二字，就不能不进行思想和审美判断。在最浅表的层面，思想和审美判断与读者的喜好和趣味有关，似乎缺乏可通约性，但实际上思想和审美判断是围绕客观对象所展开的复杂思考。也许有的读者可以凭借直觉做出精彩的审美判断，但就文学阅读最终要形成的读者的相互理解而言，思想和审美判断只能在经过上述五个层次的有效阅读之后展开。读者通常容易说作品是好的或坏的，但不容易说明作品为什么是好的或坏的，从而造成各执己见、莫衷一是的局面。如果有了上述五个层次阅读的有效展开，就会相对容易达成共识，或保留一些彼此能相互理解的分歧。

以上是关于文学阅读的六个层次的概述，下面结合统编小学语文教材六年级上册第八单元中的精读篇目《少年闰土》和《好的故事》来说明具体的分析和方法。

二、《少年闰土》分析

先以《少年闰土》为例，教材选文如下：

深蓝的天空中挂着一轮金黄的圆月，下面是海边的沙地，都种着一望无际的碧绿的西瓜，其间有一个十一二岁的少年，项带① 银圈，手捏一柄钢叉，向一匹猹尽力的刺去，那猹却将

---

① 带，现在写作"戴"。

身一扭,反从他的胯下逃走了。

这少年便是闰土。我认识他时,也不过十多岁,离现在将有三十年了;那时我的父亲还在世,家景也好,我正是一个少爷。那一年,我家是一件大祭祀的值年。这祭祀,说是三十多年才能轮到一回,所以很郑重;正月里供祖像,供品很多,祭器很讲究,拜的人也很多,祭器也很要防偷去。我家只有一个忙月(我们这里给人做工的分三种:整年给一定人家做工的叫长年;按日给人做工的叫短工;自己也种地,只在过年过节以及收租时候来给一定的人家做工的称忙月),忙不过来,他便对父亲说,可以叫他的儿子闰土来管祭器的。

我的父亲允许了;我也很高兴,因为我早听到闰土这名字,而且知道他和我仿佛年纪,闰月生的,五行缺土,所以他的父亲叫他闰土。他是能装弶捉小鸟雀的。

我于是日日盼望新年,新年到,闰土也就到了。好容易到了年末,有一日,母亲告诉我,闰土来了,我便飞跑的去看。他正在厨房里,紫色的圆脸,头戴一顶小毡帽,颈上套一个明晃晃的银项圈,这可见他的父亲十分爱他,怕他死去,所以在神佛面前许下愿心,用圈子将他套住了。他见人很怕羞,只是不怕我,没有旁人的时候,便和我说话,于是不到半日,我们便熟识了。

我们那时候不知道谈些什么,只记得闰土很高兴,说是上城之后,见了许多没有见过的东西。

第二日,我便要他捕鸟。他说:

"这不能。须大雪下了才好。我们沙地上,下了雪,我扫出一块空地来,用短棒支起一个大竹匾,撒下秕谷,看鸟雀来吃时,我远远地将缚在棒上的绳子只一拉,那鸟雀就罩在竹匾下了。什么都有：稻鸡，角鸡，鹁鸪，蓝背……"

我于是又很盼望下雪。

闰土又对我说：

"现在太冷，你夏天到我们这里来。我们日里到海边检[①]贝壳去，红的绿的都有，鬼见怕也有，观音手也有。晚上我和爹管西瓜去，你也去。"

"管贼么？"

"不是。走路的人口渴了摘一个瓜吃，我们这里是不算偷的。要管的是獾猪，刺猬，猹。月亮地下，你听，啦啦的响了，猹在咬瓜了。你便捏了胡叉，轻轻地走去……"

我那时并不知道这所谓猹的是怎么一件东西——便是现在也没有知道——只是无端的觉得状如小狗而很凶猛。

"他不咬人么？"

"有胡叉呢。走到了，看见猹了，你便刺。这畜生很伶俐，倒向你奔来，反从胯下窜了。他的皮毛是油一般的滑……"

我素不知道天下有这许多新鲜事：海边有如许五色的贝壳；西瓜有这样危险的经历，我先前单知道他在水果店里出卖罢了。

"我们沙地里，潮汛要来的时候，就有许多跳鱼儿只是跳，都有青蛙似的两个脚……"

阿！闰土的心里有无穷无尽的希奇[②]的事，都是我往常的朋友所不知道的。他们不知道一些事，闰土在海边时，他们都和我一样只看见院子里高墙上的四角的天空。

---

① 检，现在写作"捡"。
② 希奇，现在写作"稀奇"，不再一一注明。

> 可惜正月过去了，闰土须回家里去，我急得大哭，他也躲到厨房里，哭着不肯出门，但终于被他父亲带走了。他后来还托他的父亲带给我一包贝壳和几支很好看的鸟毛，我也曾送他一两次东西，但从此没有再见面。

教材中，《少年闰土》选文下面有说明："本文选自鲁迅的《故乡》，题目为编者所加。"根据这一说明，如果严格界定的话，《少年闰土》的第一作者其实是教材的编者，编者其实应该说明选编为《少年闰土》的意图是什么，在多大程度上与鲁迅的小说《故乡》是一致的。不过，一般的教学都会默认鲁迅是《少年闰土》的作者，一定会适当地介绍鲁迅的生平和思想，并且一定会建立《少年闰土》的中心思想与鲁迅思想的关系。这样的做法看上去很妥帖，其实会带来一些问题，下文将仔细说明。

按照文学阅读的六个层次来分析，初次看到《少年闰土》这篇文章时，我们应该想象自己对作者鲁迅一无所知，只是读到这样一篇文章。"深蓝的天空中挂着一轮金黄的圆月，下面是海边的沙地……"，收集信息，可以看到，"海边"是很重要的，然后"他"是一个在瓜地里的"手捏一柄钢叉，向一匹猹尽力的刺去"的少年，那么，可以肯定的是，"他"是海边的乡村少年，是个种瓜的少年。这是我们应该重视的第一个信息。接下来，看到的重要信息是第二段首句："这少年便是闰土。"文章顺着补充："我认识他时，也不过十多岁……"这个少年带来了什么？带来的全是文章当中的"我"所不知道的各种各样的奇奇怪怪的事情。因此，我们可以得出的第一个判断是：文章写的是一个引发了"我"的好奇心的海边乡村少年闰土的形象。这是对于文章大意的基本判断，到这个层次就够了。

那么作者为什么要写这样一篇文章？这是我们在读文学作品的时候，要进一步去思考的。作者的意图是什么，这需要我们通过阅读来判断。我把它概括为：怀念少年闰土，渴望不一样的生活。那么，这样概括的证据在哪里？仅看文章的第一段，其实不知道作者到底采用了回忆性的写法，还是幻想性的写法。但是，从第二段开始，就看到了"这少年便是闰土。我认识他时，也不过十多岁，离现在将有三十年了"，这几句话非常关键，它们提示读者，这是怀旧性的写作。"我"是回忆过去的，回忆近30年前的闰土的样子，肯定有怀旧的意图和目的。接下来，文章中还有一些非常关键的话，就是"我"和闰土虽然初次见面，但是很快便熟识，处得非常好，"我"从闰土那里得到非常多的满足。关键句是："闰土的心里有无穷无尽的希奇的事，都是我往常的朋友所不知道的。他们不知道一些事，闰土在海边时，他们都和我一样只看见院子里高墙上的四角的天空。"这就是说，"我"怀念30年前的那个闰土是为了说明，闰土所生活的那种状态，和"我"以及"我"所熟悉的朋友是不一样的。其中暗含的意图就是，作者写对少年闰土的怀念，是为了表达想要过一种不一样的生活，那种不一样的生活是由回忆当中的闰土表现的。这是可以从文章当中读出来的非常清晰的作者意图。

那么，顺着这样的作者意图再往前推，显然就可以看到这个正在怀念闰土的作者形象：他是一个成年人，回忆了十一二岁时的事情，中间隔了近30年，可以推断，他是一个40多岁的人，正在回忆往事。而因为他在回忆中表现的是对于当时的生活的向往，以及当时的生活中一些不太满意的地方，所以，我们可以看到，这个回忆和怀念少年往事的成年人，其实对他现有的生活不大满意。这就是《少年闰土》背后的作者形象，我们可以从文章当中推出来。

推出这样的作者形象之后,我们再来看《少年闰土》的修辞和风格,就会发现"深蓝的天空中挂着一轮金黄的圆月……"这样的表达,其实是幻想。文章告诉我们,"我"从头到尾都没有和闰土一起在海边的沙地上做过什么,所以是一个幻想式的描写,这是第一个与修辞和风格相关的大问题。因此,假如我们在教学过程中教学生,"你们可以像《少年闰土》一样写,'深蓝的天空中挂着一轮金黄的圆月,下面是海边的沙地……一望无际的碧绿的西瓜……',这样写漂亮,你们要去观察生活……",可能就有问题了,因为《少年闰土》不是写实的,它不是靠观察,而是靠作者的幻想。

因为它是幻想的,我们要去理解的就是,作者不是在现实的意义上,而是在怀旧的意义上展开幻想的。可以读出,文章充满着幻想和怀旧的气息,充满了抒情性。这就意味着对于这篇文章所写的内容,我们不能信以为真,不能直接把其中的内容当成事实来理解,只能当成一个40多岁的人在怀念他十多岁的生活片段时的情绪状态来理解。这就是这篇文章的修辞和风格的问题。到这里,我们可以说这是一篇回忆性的散文。因为我们只是读《少年闰土》这样一个选段,没办法说它一定是小说,它不完整,只写了少年闰土这简单的形象。至于文章当中的"我"为什么要怀念闰土,怀念闰土之后又想干什么,他们之间还有没有别的交流的状态,这篇选文都没有很好地展开。我们作为读者,也无从分析和判断。因为信息严重不足,当我们判断《少年闰土》的文体时,只能说它是一篇回忆性的散文。文章中的"真实"是回忆性的东西,可能和现实生活是不一致的,但也没办法认定为虚构和现实的关系,只能说是回忆和现实的关系。这就是在文体的判断上,我们只能说它是回忆性的散文的原因。

　　当然,这背后会有一个更大的理论性的支撑。如果我们去看书籍分类的话会知道,小说也是被当成散文来处理的。在英语世界里,无论是长篇小说(fiction)还是短篇小说(story),在更大的分类里边,都属于散文(prose)。小说是叙事性的文章,在西方的分类当中,一般都归到散文领域,和韵文相对。在文学分类的意义上来说,散文是一个高于小说的,更大的,涵盖面更宽的概念。在这个基础上,我们所能判断的是,《少年闰土》是回忆性的散文。

　　有了上述准备,我们对《少年闰土》做审美判断就比较有把握了。作者的基本形象很清晰,对于当下的生活是不满意的,他所满意的或者所向往的,就是那个海边,就是文章的第一段所展开的,"深蓝的天空中挂着一轮金黄的圆月,……",然后就是少年闰土,那个十一二岁的少年。但作者对当下的生活不满意,不满意的具体内容是什么,我们不太知道。在这种情形之后,我们进行审美判断:在这篇文章里,作者构建的是一种记忆的美学。这是一个比较大的词,不大适合给小学生讲。但我们可以用相对朴素的说法来表达,就是这篇文章是作者通过写记忆当中有印象的,或者印象很深刻的事情来展现自己的想法,因而就具有了抒情性,具有了那种幻想的、不真实的、怀旧的效果。从审美的意义上来说,不能简单地从它写的内容是不是事实这样的意义上来评价,而要从这篇文章表现了作者什么情绪、什么感情的意义上来评价。在这样的意义上来说,《少年闰土》让我们产生的审美判断是关于记忆的美学。

　　这是通过《少年闰土》来分析文学阅读的六个层次。不过,这六个层次的内容,会因为具体作品而有细微变化,故而再通过《好的故事》做一次分析。

三、《好的故事》分析

《好的故事》作为教材选文的面貌如下:

灯火渐渐地缩小了,在预告石油的已经不多;石油又不是老牌,早熏得灯罩很昏暗。鞭爆的繁响在四近,烟草的烟雾在身边:是昏沉的夜。

我闭了眼睛,向后一仰,靠在椅背上;捏着《初学记》的手搁在膝髁上。

我在蒙胧①中,看见一个好的故事。

这故事很美丽,幽雅,有趣。许多美的人和美的事,错综起来像一天云锦,而且万颗奔星似的飞动着,同时又展开去,以至于无穷。

我仿佛记得曾坐小船经过山阴道,两岸边的乌桕,新禾,野花,鸡,狗,丛树和枯树,茅屋,塔,伽蓝,农夫和村妇,村女,晒着的衣裳,和尚,蓑笠,天,云,竹,……都倒影在澄碧的小河中,随着每一打桨,各各夹带了闪烁的日光,并水里的萍藻游鱼,一同荡漾。诸影诸物,无不解散,而且摇动,扩大,互相融和;刚一融和,却又退缩,复近于原形。边缘都参差如夏云头,镶着日光,发出水银色焰。凡是我所经过的河,都是如此。

现在我所见的故事也如此。水中的青天的底子,一切事物统在上面交错,织成一篇,永是生动,永是展开,我看不见

---

① 蒙胧,现在写作"朦胧",不再一一注明。

这一篇的结束。

河边枯柳树下的几株瘦削的一丈红,该是村女种的罢。大红花和斑红花,都在水里面浮动,忽而碎散,拉长了,如缕缕的胭脂水,然而没有晕。茅屋,狗,塔,村女,云,……也都浮动着。大红花一朵朵全被拉长了,这时是泼剌奔迸的红锦带。带织入狗中,狗织入白云中,白云织入村女中……。在一瞬间,他们又将退缩了。但斑红花影也已碎散,伸长,就要织进塔,村女,狗,茅屋,云里去。

现在我所见的故事清楚起来了,美丽,幽雅,有趣,而且分明。青天上面,有无数美的人和美的事,我一一看见,一一知道。

我就要凝视他们……。

我正要凝视他们时,骤然一惊,睁开眼,云锦也已皱蹙,凌乱,仿佛有谁掷一块大石下河水中,水波陡然起立,将整篇的影子撕成片片了。我无意识地赶忙捏住几乎坠地的《初学记》,眼前还剩着几点虹霓色的碎影。

我真爱这一篇好的故事,趁碎影还在,我要追回他,完成他,留下他。我抛了书,欠身伸手去取笔,——何尝有一丝碎影,只见昏暗的灯光,我不在小船里了。

但我总记得见过这一篇好的故事,在昏沉的夜……。

一九二五年二月二十四日。

《好的故事》写的是正在看《初学记》的作者睡着了,在蒙眬中看见一个好的故事,特别美丽,优雅有趣。有意思的是,文章没有直接写这个梦中的好的故事,而是先写,"我仿佛记得曾坐小船经过山阴道……",一个记忆中的好的故事。然后再往下写"现在我所见的故事也如此",这写的是梦中正在看的好的故事。最后又写回到了现实。由此可以看到,文章大意是很清楚的,就是两个好的故事,一个是记忆中的水乡美景,一个是梦中正在看见的水乡美景。

那么接下来就是作者的意图:他为什么要写这两个好的故事?我们仍然可以从文章当中看到具体的表达,即"我真爱这一篇好的故事,趁碎影还在,我要追回他,完成他,留下他"和"但我总记得见过这一篇好的故事,在昏沉的夜……"。我们从中可以看到作者的意图就是想要努力留住好的故事,这是第一个意思。第二个意思就是说他现实的生活状态没有好的故事,现实的生活状态是"在昏沉的夜"。二者组合在一起构成的一个非常重要的意图,就是他想要努力留住好的故事,因为现实生活当中没有这么好。

因此,这个作者的形象是什么样的?从文章当中我们可以看得很清楚。一个在灯光下看《初学记》的人,这是第一个形象。第二个形象就是一个在昏沉的夜中渴望水乡美景的人。这个人年纪多大,是男是女,我们不清楚。但我们知道,他是一个能看《初学记》的人,是对于水乡美景特别渴望的人,其中肯定有某种渴望故乡的感觉。其他的呢?我们知道的不多,其实知道的多了,对于理解《好的故事》这样一篇文学作品,也未见得有多大的作用。

在掌握了《好的故事》的内容,揣测了作者的意图,也大概明白了作者的形象之后,我们来判断《好的故事》的修辞和风格。从修辞学的角度来看,这篇文章非常华丽,它写两岸,"两岸边的乌桕,新禾,野花,鸡,狗,丛树和枯树,茅屋,塔,伽蓝,农夫和村妇,村女,晒着的衣裳,和尚,蓑笠,天,云,竹,……"尤其是后面写"诸影诸物,无不解散,而且摇动,扩大,互相融和;刚一融和,却又退缩,复近于原形。边缘都参差如夏云头,镶着日光,发出水银色焰。"的确辞藻华丽,内容非常生动,形象非常漂亮,我们可以判断它有这样的修辞特点。但是,是不是还有梦幻的特点?它看上去既是特别写实的,又好像有一些不真实之感。这不真实之感就是一种梦幻的效果,它所造成的风格是如此地华丽而梦幻,就是因为其中有一种抒情性。也可以说,根据这样的修辞效果来推理,文章有一种抒情性。但不管怎样,我们都不会认为《好的故事》所写的就是现实生活,无论是记忆当中的还是梦中的,它们都不是现实生活的直接反映,而是跟现实生活有关联的一种比较遥远的状态。通过这种离现实生活比较远,又说"我真爱这一篇好的故事"的情绪状态,我们可以推理出来,文章的风格是一种抒情的风格,而不是写实的风格。

　　理解清楚这四个层面的内容之后,我们再来往前走,判断《好的故事》的文体是什么。《少年闰土》有比较多内容性的、情节性的成分,而在《好的故事》中,那种情节性的成分几乎没有,而是带有一种诗的感觉。所以,我们可以在这个意义上推测它的文体是散文诗。

　　但关于文体的问题还不能到此结束,因为每一篇具体的散文诗是不一样的。这篇有一个非常明显的嵌套结构和对比结构。所谓的嵌套结构,就是文章开头的两段和结尾的两段是关于现实生活的直接的书写,就是"我"正在一个昏沉的夜当中读书、做梦。这是一个大的套,这个大套套住了里边的两个故事,一个是记忆中的好的故事,一个是梦中的好的故事,这就是嵌套结构。第二个是对比结构。关于对比结构,我们当然可以借助其他的概念来说,如重复结构,但现在用学生比较能懂的语言来说,它就是一个对比结构,就是一个记忆中的好的故事和一个梦中的好的故事之间的对比。另外，现实当中的状态和梦中、记忆中的状态，也可以算对比。但因为在这篇文章中，开头两段和结尾两段作为现实的部分框住了里边的两个梦，用嵌套来说明，显然更加准确。嵌套结构造成的效果，不是简单的对比。它不是平行的，而是盒子套盒子的。到这个层次，对于《好的故事》的文体特点，大家就有比较清晰的理解了。而这样的理解，尤其是对嵌套和对比同时存在的理解，对学生来说是比较容易达成的，因为它很清晰，并不需要花很大力气才能够分析出来。

那么，这样分析有什么作用？作用就在于，告诉学生如何理解《好的故事》所展现出来的思想态度和审美风格。从思想态度上来说，因为同时嵌套着梦和记忆，我们可以看到的是，一方面表现了作者对于现实的不满，对于梦和记忆当中的好的故事的向往；另一方面，又表现了作者对梦中和记忆中的好的故事的怀疑态度。因为现实是这样的，没有办法改变，而梦中的和记忆当中的好的故事是容易消失的，是需要花很大的力气去留住的，所以它形成的思想结构就是：虽然向往着梦中的和记忆当中的好的故事，但是仍然坚持现实就是这样的。这样的思想态度，是比较复杂和矛盾的。如果这个时候老师再讲一讲什么是清醒的现实主义的话，那么这种复杂的嵌套和对比结构里所展现出来的作者的思想态度，就是一种清醒的现实主义态度。所谓清醒的现实主义态度，就是对于现实有一个基本的准确的认知，但同时并没有因为对于现实的清醒准确的认知而放弃梦，放弃记忆当中的美好的东西；另一方面，也并不会因为对于梦、对于记忆当中的美好的眷恋而回避现实。因此，作者的态度是非常复杂的。在审美的意义上，这里用一个比较抽象的概括，叫"梦与忆的诗学"。为什么要概括为"梦与忆的诗学"？首先，它是和整篇文章的内容、作者的意图、作者的形象、修辞和风格、基本的文体相关联的，是在此基础上的概括和提升。其次，就是要强调，像《好的故事》这样一篇作品，最吸引我们的、文章当中写得最多的是梦中的好的故事和记忆当中的好的故事，因此要把这两个内容凸显出来。当然，和上文分析《少年闰土》一样，分析其中的抒情性和回忆的诗学，也是要强调整个《好的故事》也不是对于现实的直接的书写、直接的反映，因此也不能很简单地概括它的审美风格，必须到这个相对比较曲折的诗学的层面来给出一种判断。

如此分析之后，文学阅读的六个层次是什么意思，以及采用什么样的语言、方法，大概是清楚的了。

四、问题和对策

要指出的是，笔者所设想的文学阅读的层次及所要读出来的东西，与小学语文教材的要求有一些差异。

首先，引为例证的单元要求掌握的是字词句和关键段落理解。比如《少年闰土》要求背诵第1自然段，并仿写，要求注意句子"我那时并不知道这所谓猹的是怎么一件东西——便是现在也没有知道……""我素不知道天下有这许多新鲜事……"和"阿！闰土的心里有无穷无尽的希奇的事，都是我往常的朋友所不知道的……"中加点的部分，并分析"我"的内心世界。这些都是不错的要求，但更接近于一种语言表达和运用的训练要求，离文学阅读还有一定距离。当然，教材用引号来标记《少年闰土》中的"我"，隐含着编写者区分作者和文章中的"我"的意思，暗示了选文的小说性质，只是并未明确要求学生有相应的文体意识。而教材表示，课文写了月下看瓜刺猹的闰土、初次相识时的闰土和给"我"讲新鲜事的闰土，要求学生结合相关内容说说闰土是个怎样的少年，这也是一种将文章写的人视为人物形象的思路，对文体的理解介于写人散文和小说之间。不过，结合将"我"用引号标记的事实来看，教材编选者无疑将《少年闰土》当作小说来把握，也算是留下了要求对选文进行文学阅读的线索。

不过，这种编写方式似乎希望学生不用拾级而上就能直接把握选文的文学性质，未免有些欠缺。而且，课文关于月下看瓜刺猹的闰土、初次相识时的闰土和给"我"讲新鲜事的闰土的区分，其实是似是而非的，因为初次相识时的闰土和给"我"讲新鲜事的闰土也都是作者记忆中月下看瓜刺猹的闰土。教材强分为三，实在是没有抓住选文的基本修辞和风格的表现。

其次，该单元总的写作要求是"通过事情写一个人，表达出自己的情感"，单元习作题目是"有你，真好"，《少年闰土》的小练笔是仿照第1自然段写一写。如果不能分层次地讲清楚选文，写作要求大概很难完成。

再次，该单元还有一个情感教育的问题，就是要通过课文达到情感教育的目的，让学生学会理解他人，与他人共鸣。比如《少年闰土》，要求分析闰土是怎样的少年，体会闰土在"我"心中的美好形象等，都是要求学生读完《少年闰土》产生一种共鸣，产生一种对于他人的理解，并且把自己的理解和同学交流对话。在这样的层次，要做的就是通过对课文的阅读，通过对文学作品的阅读，达到情感教育的目的。

那么，有仿写的要求，有产生共鸣和理解他人的要求，我们再来看教材要求的掌握知识、掌握字词句和理解关键段落，能不能覆盖仿写和情感教育里面所含括的所有内容。笔者以为是有问题的。通过对文章大意的理解能够做到的是仿句和仿段，因为对文章大意的理解必然包括掌握字词句和理解关键段落。小学语文教育是以理解字词句和关键段落为起点的，所以做仿句和段落仿写练习都没有问题，形成共鸣和一定的判断也是没有问题的。但是，要从中发现作者的意图，发现作者的形象，发现修辞和风格，发现文体，发现思想和审美，就非常困难。而这五个层次的缺失，必然带来的问题是全文仿写难以实现。因为我们只教学生按照《好的故事》或《少年闰土》的方式来写人，而不教作者为什么要那样写人。如果硬要去仿写的话，就只能得其皮毛，比如说把某个场景写得很漂亮，很华丽。因为不理解作者这样写背后的思想感情，模仿时就只能写出空洞的辞藻，写出华丽的比喻，没法表达自己的情感。那样的全文仿写，其实是失败的，文采再好也没有意义。因此，理解他人也就变得非常可疑，难以让人信任。学生连自己为什么要写这样的一个人、一个梦幻式的段落都不明白，仅仅将其作为修辞训练去做的话，他是不会理解自己的，当然也没有办法理解他人。而自我理解不清晰，理解他人也没有做到，那么所谓的交流、所谓的对话，其实也就难以实现。因此，笔者认为，教材中关于文学阅读目标的设计、层次的分类不够清晰，那在实现模仿写作和情感教育的训练目标时，效果肯定是不理想的。

　　更重要的是，小学语文教育，比如说在教六年级上册第八单元这些选文的时候，是不是要实现文学阅读的所有层次？或者说，六年级的学生在做文学阅读的时候，到什么层次就够了？从教材的具体设计来说，笔者以为到六个层次中的第一个层次就够了，它的目标就是仿句仿段，模仿写作，就是一个修辞训练。学生只要掌握知识，理解关键段落，然后知道大概意思就够了。至于其他的内容，比如《少年闰土》是不是有什么高深的思想，《好的故事》是不是有什么高深的思想,作者的形象是什么,风格是什么,文体是什么,这些都是不需要学生掌握的。这可能会带来现实教学当中的困惑,就是语文教材设计是这样,而我们的真实阅读可能更接近所谓的六个层次。那么如何把这些层次教给学生?学生在面对《少年闰土》《好的故事》《我的伯父鲁迅先生》《有的人——纪念鲁迅有感》这样一些作品的时候,如何表达自己的阅读所得,并且去进行模仿性的写作?这些都会给师生带来非常大的困惑。因此,虽然按照教材的设计,也许不需要去做文学阅读的六个层次的理解,但是真实环境当中的老师和学生,面对文学作品的时候,可能难免会想到文学阅读的六个层次,我们还是有必要想办法引导学生进入这些层次,然后才能够比较立体地把握我们为什么阅读,为什么写作,什么是有效的阅读。

经过比较之后,笔者觉得可能真实的教学环节和教材之间存在上述的这种差异。当然,并不是说教材当中就完全没有对六个层次的要求。教材有全文仿写的要求,有对话交流分享的要求,这就意味着它在要求学生读懂《好的故事》和《少年闰土》的时候,其实是暗含着其他五个层次的内容的,只不过没有在指导语当中明确地说需要掌握这些,反而是以一种非常外在的方式提醒老师和学生。比如,借助相关资料理解课文主要内容,如果你没有办法从文学作品本身读出来,就必须借助相关资料。这也就意味着教师们要去参考教参,去参考很多外部的材料来进入阅读。这当然没有错,但是问题在于,这么做了之后,学生仍然不会阅读,只知道别人是怎么分析的,然后把几个没有直接关系的对象强行建立联系。比如,因为鲁迅是一个伟大的作家,所以他的《少年闰土》和《好的故事》一定写得非常好,其中一定有非常深刻的含义。这是倒果为因,是不对的。事实上,鲁迅之所以是伟大的作家,是因为他写了《故乡》，写了《好的故事》这样一些文学作品。因此，需要教会学生的，不是借助相关资料理解课文主要内容，而是从课文的主要内容出发推导出为什么鲁迅是伟大的作家。这才是有顺序的文学阅读。在这样的意义上来说，无论是对于老师，还是对于学生，可能都会有一定的思维转换的难度。过去可能只要查一些资料，就可以明白，不需要太多的思考。但是现在，需要去思考，去推理，然后判断《好的故事》和《少年闰土》大概是这么一个意思，再去借助相关资料来验证自己的思考。当然，这是做研究，研究者会结合相关资料来验证自己从文学作品当中推理出来的内容是否有道理。

我们再来看看《义务教育语文课程标准（2022年版）》（中华人民共和国教育部 2022：12）对于六年级学生阅读的要求：

> 阅读叙事性作品，了解事件梗概，能简单描述印象最深的场景、人物、细节，说出自己的喜爱、憎恶、崇敬、向往、同情等感受；阅读诗歌，大体把握诗意，想象诗歌描述的情境，体会作品的情感。受到优秀作品的感染和激励，向往和追求美好的理想。（语言、审美）
>
> 阅读说明性文章，能抓住要点，了解文章的基本说明方法。阅读简单的非连续性文本，能从图文等组合材料中找出有价值的信息。尝试使用多种媒介阅读。阅读整本书，把握文本的主要内容，积极向同学推荐并说明理由。（思维、文化）

这两段文字，一是对阅读叙事性作品和诗歌的要求，一是对阅读说明性文章和整本书的要求，包含的内容非常丰富。但遗憾的是，其中没有包含我们上文分析的《少年闰土》和《好的故事》。

尤其是《好的故事》，它不是叙事性的作品，也不是典型的诗歌，可是教材中又出现了这样的文章，怎么办？怎么读？怎么理解？怎么和课标、教材、考试的需要等建立关联？这些可能都是小学教师们可以去思考和理解的问题。但是，假如不考虑这些外在的要求，而仅仅从最基础的内容出发的话，笔者想强调的是，面对一个陌生的作品——就算我们熟悉它，也可以把它当作陌生的作品——我们首先要做的是什么？接下来要做什么？这么一步一步地推导，那么不管教材上的要求是什么，其他地方的要求是什么，其实都能够较好地把握文学阅读的基本目的和最终要达到的层次。

当然，针对六年级的小学生，文学阅读的六个层次中，学生们应该能懂的是文章大意、作者意图、作者形象、修辞和风格这四个层次。至于文体、思想和审美，即使教了，可能对他们来说也只是知识灌输，无法构成思考。因此，从需要懂些什么和懂到什么程度算懂的意义上来说，笔者认为只要教文章大意、作者意图、作者形象、修辞和风格这四个层次就可以了。如果是一、二年级学生，懂了文章大意就行了；三、四年级学生，知道作者意图，大概能推测作者形象，就够了。只有到了高年级，如果说有一部分学生，出类拔萃，文学感觉非常好，那么他们这时候就可以跟着我们来理解：一篇文学作品放到面前，它的文体是什么，它的思想是什么，它在审美的意义上可以做什么判断。

具体到教材中的选文《少年闰土》和《好的故事》，还需要再说明一下。首先是关于《少年闰土》。由于《少年闰土》的真正作者是教材的编选者，而不是鲁迅，我们其实难以讨论它的思想和审美。尤其是《少年闰土》反映了多么高深的思想，我们无法判断，它就是一个简单的回忆和怀旧，就是对自己目前生活的不满。至于为什么，我们是不知道的。当然，在《故乡》当中，我们会知道，因为最后有一个特别的结尾,"其实地上本没有路,走的人多了,也便成了路",这是非常形而上的表达,是可以往思想层面升华的。但是就课文的选段来说,不能讲它有很高深的思想,否则是违背文学阅读的伦理的。如果一定要说这里边表达了非常高深的思想,升华出一个非常大的主题,说鲁迅在这里表达了对于闰土的同情,对于农民阶级的莫大同情,而且要求归纳出那样的中心思想的话,那学生就只能被教得不明不白、糊里糊涂,之后可能厌恶甚至痛恨文学阅读。这就是说,如果我们阅读和教授的文学作品,缺乏相应的文学层次,那不教也罢,不必生搬硬套、削足适履。

其次是《好的故事》。《好的故事》当然包括六个层次的所有内容,但有些内容属于做研究的层面。比如鲁迅在写《好的故事》时的目的是什么,这一定要结合鲁迅当时的生活思想状态来谈。在这个意义上,《好的故事》这篇散文诗最重要的是文末的时间——落款"一九二五年二月二十四日",而不是这篇文章本身的内容。如果老师花特别大的力气去教1925年2月24日的鲁迅是怎么样的,然后说《好的故事》是怎么样的,那也不是文学阅读,而只是告诉学生知识,然后强行建立他和《好的故事》的联系,学生是理解不了的。老师自己也未必理解得了。事实上,《好的故事》,包括《野草》表达的到底是什么,是鲁迅研究界争议了几十年的话题,很难给出确定的答案。所以,就文学阅读而言,我们不必求之过深,更不必把那些看上去很深刻的内容教给五六年级的小学生,然后说因为这作品是鲁迅写的,如此高深,所以你必须好好读它,理解它。笔者以为不应该这样,而应该从最基础的层次出发,引导学生循序渐进地去理解它,明白它,找到它的好处,懂得它的好处。将来学生有生活经验了,有更多的知识了,也许就明白了。

五、小结

本文提出文学阅读的六个层次，目的是要从文学作品出发，探讨分级阅读和教学的可能性，从而在一定程度上给现行教材、教学、课标和考试提供一些参考，使语文教育中的文学教育有一些朴素的、可操作的文学理解和教学手段。至于预期效果如何，则实在惶恐难言，一切都只是初步的探索而已，有待方家辟谬理惑。

参考文献

中华人民共和国教育部（2022）《义务教育语文课程标准（2022年版）》，北京师范大学出版社，北京。

The Level of Literary Reading and Language Teaching in Primary School: Taking Unit 8 of the First Volume of the Sixth Grade Textbook as an Example

Li Guohua

Abstract: Based on the theoretical conception of graded reading, this paper proposes six levels of literary reading, from low to high, respectively, to understand the general idea of literary works, speculate the author's intention, analyze the basic image of the author, understand the rhetoric and style of the work, judge the stylistic nature of the work, and make ideological and aesthetic judgments on the work. Taking the analysis of Unit 8 of the first volume of the sixth grade Chinese textbook as an example, it is considered that for the sixth grade pupils, it is easy to understand the first four levels, and the last two levels are puzzling. This paper unfolds a specific theoretical conception about literary reading, which needs to be tested by specific teaching and reading practice.

Keywords: graded reading, literary reading, Chinese teaching in primary school

(100871 北京, 北京大学中文系 ligh@pku.edu.cn)

编后记

北大语文教育研究所一直想编一本刊物，按照创始所长温儒敏教授的说法，就是要在语文这件关系重大的事情上发出自己的声音。经过数次讨论，我们决定创刊《北大语文论丛》，先以集刊的形式于2023年面世。我们并不想集刊只是各种语文论文的杂烩，而是试图集中力量来解决语文教育当前面临的问题，争取每期解决一个问题，至少将一个特定的问题梳理清楚，呈现其来龙去脉，为最优解决方案提供基础。

我们选定"语文阅读策略：理论与实践"作为第一辑的主题。义务教育阶段统编语文教材十分重视阅读教学，专门设置了"阅读策略"教学单元。阅读策略（Reading Strategy）在国外已有近五十年的发展历史，在阅读教学领域广为普及，但在国内尚属新兴概念，大部分一线教师对此颇感陌生。此外，由于课标和教材对于"阅读策略"这一概念缺乏统一的界定，不同学者各执一言，教师对于"什么是阅读策略""应该怎样教学"等问题普遍感到困惑。鉴于此，我们邀请国内语文教育界的权威学者和对此做专门研究的学术新锐，联手对"阅读策略"的概念、教学模式等从理论与实践两个层面进行正本清源的梳理，为一线教师提供清晰的理论依据以及可供参考的教学案例。

在理论梳理方面，我们高兴地发现谷屹欣博士刚刚完成以"阅读策略"为中心的博士论文研究，其梳理清晰明确，其中的实证检验精神尤为重要。收入本辑的文章中，谷博士论述了阅读策略的缘起、发展以及校验。语文名家王荣生教授一直关注阅读策略与阅读方法，我们很荣幸邀请到王教授为论丛撰稿，为一线教师学习、消化并在教学中使用阅读策略给予指导。将阅读策略单元纳入统编语文教材是一件大事，其中的安排与背后的理据对一线教学来说非常重要，为此，我们采访了统编小学语文教材执行主编陈先云老师，并整理成文。以上这些文章就构成了这一辑的理论部分。

实践是检验真理的唯一标准。经过实践检验过的案例对于阅读策略的教学指导意义不言而喻。谷屹欣博士提供了一个与课外阅读结合的案例；肖云霖老师总结了有目的地阅读这一策略与课文《竹节人》结合的教学设计，余琴老师做了中肯的点评；倪鸣老师则结合课文《宇宙生命之谜》的教学设计与反思，展示了自己对有目的地阅读教学策略的实施与理解；姜丽凤老师尝试用"联结+批注"的多阅读策略来处理《有的人——纪念鲁迅有感》的教学，王国均老师点评认为姜老师的这一尝试"真正实现了批注教学从阅读方法层面向阅读策略层面的飞跃"，这也是我们乐于看到的，希望其他一线老师也可以如此勇于探索；最后两个实践正好也是关于鲁迅作品的阅读理解，刘冰亚老师以《朝花夕拾》的教学为例，对联结策略进行了实践，并提出了自己的反思，李国华老师则以统编教材六年级上册第八单元整个"鲁迅单元"的教学为例，提出了阅读层次的概念，并以此探讨更大的分级概念。我们感觉到收入这一辑的阅读策略实践丰富多彩，同时也理念清晰，操作性强，对于广大老师的教学，乃至学生的学习都有启发作用。

  丑媳妇总要见公婆。这一辑编完了,我们真心希望关心语文的同道们,一起来真正面对语文教育的问题,充分认识到语文教学之难以及语文教育责任之重,在实践中走出解决问题的语文教育之道。《北大语文论丛》愿意成为大家抱团取暖的园地。

《北大语文论丛》编辑部

2023 年 1 月 4 日

图书在版编目(CIP)数据

北大语文论丛. 第 1 辑 语文阅读策略:理论与实践/
《北大语文论丛》编委会编. —北京:商务印书馆,2023
ISBN 978-7-100-22800-8

Ⅰ.①北⋯　Ⅱ.①北⋯　Ⅲ.①阅读课—教学研究—中小学　Ⅳ.①G633.302

中国国家版本馆 CIP 数据核字(2023)第 159125 号

权利保留,侵权必究。

北大语文论丛(第 1 辑)
语文阅读策略:理论与实践
《北大语文论丛》编委会　编

商 务 印 书 馆 出 版
(北京王府井大街 36 号 邮政编码 100710)
商 务 印 书 馆 发 行
北 京 冠 中 印 刷 厂 印 刷
ISBN 978-7-100-22800-8

2023 年 9 月第 1 版　　　开本 710×1000　1/16
2023 年 9 月北京第 1 次印刷　印张 11¾
定价:59.00 元